POLEN
UKRAINE
Krakau
Lemberg
Budapest
MOLDAU
Chișinău
RUMÄNIEN
UKRAIN
Galatz
Novi Sad
Brăila
Belgrad
Bukarest
Konstanza
Ruse
SERBIEN
Widin
Swischtow
MONTE-
NEGRO
Sofia
KOSOVO
BULGARIEN
Skopje
NORDMA-
ZEDONIEN
Tirana
TÜRKEI
Istanbul
ALBA-
NIEN

DONAUABWÄRTS

OTHMAR PRUCKNER

DONAUABWÄRTS

In 33 Tagen mit dem Fahrrad
vom Schwarzwald zum Schwarzen Meer

Ein Reise-Lesebuch

FALTER VERLAG

Die GPS-Daten zum Buch
sind unter folgendem Link abrufbar:
falterverlag.at/gps
Das Passwort zum Download: **falterverlag5110**

ISBN 978-3-99166-001-9

1011 Wien, Marc-Aurel-Straße 9
T: +43/1/536 60-0, F: +43/1/536 60-935
E: bv@falter.at, service@falter.at
W: faltershop.at

Autor: Othmar Pruckner
Fotos: Othmar Pruckner
außer: Seite 52: shutterstock/Sina Ettmer Photography;
Seite 70: WGD Donau OberösterreichTourismus GmbH,
Seite 80: l.u.: shutterstock/Mistervlad;
Seite: 84, 87 oben: Charlotte Schwarz
Karten: Sothany Kim, Marion Großschädl
Lektorat: Helmut Gutbrunner
Umschlagdesign, grafisches Konzept, Layout: Marion Großschädl
Bildbearbeitung: Reini Hackl
Druck: Druck: Florjančič tisk d.o.o., SL 2000 Maribor

MIX
Aus verantwortungs-vollen Quellen
FSC® C106954

Wir haben bei diesem Buch im Sinne der Umwelt
auf die Verpackung mit Plastikfolie verzichtet.

Inhalt

Die Donau per Rad: Von der Stadt des Donauwalzers in den fernen Osten

Immer am Ufer entlang:
Morgenstimmung nach Regensburg

Die Donau erfahren

Alle kennen sie und doch kennen sie die wenigsten wirklich. Viele fahren auf dem Radweg durch die Wachau oder auf dem Hubertusdamm nach Bratislava. Zu ihrem Ursprung dringen dagegen schon weniger Menschen vor und kaum jemand kennt dann die untere Donau, das Mündungsgebiet, das Donaudelta.

Ich bin von den Quellen der Donau im deutschen Schwarzwald bis zur Mündung bei der rumänischen Stadt Sulina gefahren, und zwar mit einem normalen Tourenrad. Insgesamt sind es von hier nach dort mehr als 3.100 Kilometer. Für einigermaßen geübte Pedalisten ist die Strecke überall gut machbar. Man erklimmt auf keiner der Etappen steile Alpenpässe, durchkreuzt weder heiße Wüsten noch schneebedeckte Hochländer. Eine **spannende Entdeckungsreise** ist die Tour vom Schwarzwald bis zum Schwarzen Meer trotzdem. Man erlebt und erfährt im wahren Wortsinn viel Neues, Unbekanntes, Fremdes; vor allem die Ufer unterhalb von Budapest sind für die meisten Reisenden eine Terra incognita. Wo bitte liegt Ruse? Schon einmal in Golubac, Tulcea oder in der Dobrudscha gewesen? Eben.

Man begleitet den Strom von seinem Ursprung an, sieht ihn wachsen, gedeihen, erstarken. Man durchmisst mit ihm den halben Kontinent und erreicht schließlich an seinem Ufer die Ufer des Schwarzen Meeres – ein wahrhaft würdiges Reiseziel.

Im **Porträt eines besonderen Gewässers** gebe ich einen Überblick zu Geschichte, Natur und Kultur des Flusses, schildere Besonderheiten des unendlich reichen und doch noch immer fremden „Donauraums“.

Der **Reiseteil** gliedert sich in zwei Abschnitte: im ersten geht es entlang der Donau vom **Schwarzwald bis nach Wien**, im zweiten von **Wien bis zum Schwarzen Meer.** Die Radreise von Wien ostwärts habe ich im Frühsommer 2022 absolviert, die Tour von Donaueschingen bis Passau im Frühjahr 2023. Die Etappen an der österreichischen Donau bin ich mehrfach gefahren, zuletzt im September 2023. Die **praktischen Hinweise** am Schluss des Buches sollen die Planung und Durchführung einer Donaufahrt erleichtern. Zusätzlich sind alle Etappen als **GPX-Dateien** für Navigationsgeräte verfügbar.

Ich habe mich im Laufe meiner Fahrten rettungslos in den Strom und seine Ufer verliebt und hoffe sehr, dass diese Zuneigung bei der Lektüre dieses Buches auch spürbar wird. Ich wünsche jedenfalls eine spannende und erfolgreiche Reise – donauabwärts.

Othmar Pruckner
othmar.pruckner@icloud.com

Die Donau: Porträt eines besonderen Gewässers

Man kennt sie aus Liedern, Büchern und Filmen. Klischee und Wirklichkeit, Romantik und Realität klaffen freilich oft weit auseinander. Europas zweitgrößter Strom verbindet Ost und West, baut Brücken zwischen Kulturen, gibt Arbeit und spendet Leben. Und ist ganz nebenbei auch wunderbar zu bereisen.

Alles hat einen Anfang, nur die Donau hat drei – drei Quellflüsse nämlich. Der schöne Satz „Brigach und Breg bringen die Donau zuweg" nennt die Namen zweier größerer Bäche, die sich am östlichen Ortsende von Donaueschingen am Ostrand des Schwarzwalds glücklich vereinigen. Der heute renaturierte Zusammenfluss gilt geografisch-offiziell als **Beginn der Donau.** Zu den beiden Bächen gesellt sich freilich noch ein drittes, sehr dünnes Wässerchen, das im Schlosspark von **Donaueschingen** ein künstlich gefasstes, rundes Quellbecken füllt. Der ewige und leidenschaftliche Streit, ob nun dieses Quellbecken, die Stelle des Zusammenflusses oder doch die rund 46 Kilometer weiter westlich gelegene Quelle der Breg als „richtiger" Donauursprung zu bezeichnen ist, wird schon allein aus marketingtechnischen Gründen weiter am Köcheln gehalten.

Die Donau verschwindet

Unsicherheiten gibt es nicht nur, was die Quelle betrifft. Vom Zusammenfluss bis zur Mündung ins Schwarze Meer sind es, glaubt man Wikipedia, 2.811 Kilometer.

Andere, durchaus seriöse Quellen schreiben von 2.857 Kilometern und überhaupt schwirren in diversen Reise- und Lehrbüchern verschiedenste Kilometerangaben herum. Wer auf der Suche nach Superlativen ist, kann sogar von 2.888 Donaukilometern lesen – da ist die Breg jedenfalls mit eingerechnet. Wer will, kann ja nachmessen! Die Längenangabe ist sowieso nur ein Richtmaß, denn Faktum ist, dass die Donau jedes Jahr länger wird. Sie verlegt ihre Mündung im rumänischen Sulina durch mitgebrachtes Geschiebe stetig weiter ins Schwarze Meer hinaus, und zwar um immerhin vierzig bis fünfzig Meter pro Jahr.

Egal, wie man auch misst: Gesichert ist, dass die Donau nach der Wolga und vor dem Dnepr der zweitlängste und auch zweitgrößte Strom Europas ist. Der Rhein, das sei nur nebenbei bemerkt, ist mit seinen 1.230 Kilometern nicht einmal halb so lang. Das kann man sich so ganz gut merken.

Unbestritten ist auch, dass das Quellbecken in Donaueschingen auf einer Seehöhe von 678 Metern über dem Meer liegt, die Quelle der Breg immerhin um 400 Meter höher, nämlich auf 1.078 Metern, in der höchsten Region des Schwarzwalds. Was für die enorme Länge immer noch kein überwältigend starkes Gefälle ergibt – im Gegenteil. Die junge Donau stürzt nicht als wildes Wasser rauschend und schäumend durch steile Felsschluchten von Bergeshöh' zu Tale, sondern windet sich vorerst einmal harmlos und von saftigen Wiesen gesäumt durch eine weite Talmulde. Nach rund 25 Kilometern langsamen Laufs spielt sie dann aber allen Donaufahrern und -fahrerinnen einen gehörigen Streich: In der trockenen Hälfte des Jahres verschwindet ihr Wasser in der so genannten „Donauversickerung" völlig im Untergrund; man kann das Flussbett trockenen Fußes durchschreiten. Nur in den feuchten Monaten, vor allem im Frühjahr, fließt hinter Immendingen ein stark geschrumpftes Flüsschen durch die Gegend. Ja, gibt's denn sowas? Die Antwort ist simpel. Der poröse Kalk der Schwäbischen Alb schluckt das Donauwasser, leitet es unterirdisch ab und bringt es zwölf Kilometer entfernt im „Achtopf" wieder an die Oberfläche. Von wo es nicht zurück in das Bett der Donau, sondern in den Bodensee und damit in den Rhein fließt. Genau genommen hat die Donau also einen vierten Anfang – jenen nach dieser Donauversickerung bei Immendingen.

Gleich zu Beginn noch eine überraschende Tatsache: Kein einziger Wassertropfen, der in der jungen Donau fließt, wird jemals das Schwarze Meer sehen. Das Wasser verabschiedet sich auf seinem langen Weg ins Grundwasser, speist Brunnen, bewässert Felder und Gärten, verliert sich in Nebenarmen, verschwindet in Auen oder gar in dunklen Kanälen. Oder verdunstet. Die Wassermassen, die im Schwarzen Meer ankommen, stammen vorwiegend aus Zuflüssen der mittleren und unteren Donau.

Drei Teile hat der Fluss – und viele „Zubringer"

Bringen wir nach den anfänglichen Verwirrspielen ein bisschen Systematik in den Lauf des Flusses. Gemeinhin wird der Strom in drei Teile geteilt: Die **obere Donau** reicht von der Quelle bis zur „Thebener" oder „Hainburger Pforte", also jener Stelle an der österreichisch-slowakischen Staatsgrenze, an der die March mündet und die Donau die letzten Alpenausläufer im Süden und die Kleinen Karpaten im Norden voneinander trennt.

Die **mittlere Donau** fließt ab hier schon deutlich verlangsamt durchs ungarische Tiefland, streift Kroatien und reicht bis ans Ostende

Die Quelle der Breg: Ein Bach nimmt seinen Lauf (o.)
Der erste Übergang: Steg über die Breg (l.)

Der letzte Übergang: Neue Hängebrücke bei Brăila (ganz o.)

Am Ende des Stroms: Strand bei Sfântu Gheorge (o.)

des Eisernen Tores, dem berühmten, an der Grenze zwischen Serbien und Rumänien gelegenen Durchbruchstal.

Die **untere Donau** ist der dritte und letzte Abschnitt. Mit geringem Gefälle und dementsprechend schwacher Strömung schieben sich die Wassermassen durch die Walachei und die Dobrudscha Richtung Delta. Auf mehreren hundert Kilometern ist die Donau nun Grenzfluss zwischen Rumänien und Bulgarien.

Ab dem Eisernen Tor hat man zweifellos „Mitteleuropa" verlassen und befindet sich im kulturell deutlich andersartigen, orthodox geprägten Südosteuropa. Das Mündungsdelta, eine Art gleichseitiges Dreieck, beginnt im rumänischen Tulcea und zählt in unserer einfachen Systematik zur unteren Donau, ist aber in Wahrheit doch ein völlig eigenständiges Zwitterwesen aus Land, Fluss und Meer.

120 größere Gewässer führen dem Strom unterwegs Wasser zu, füllen ihn permanent neu auf und erweitern das Einzugsgebiet auf gewaltige 817.000 Quadratkilometer. Wir lassen Brenz und Bära, die Zwiefalter Ach und die Kleine Ohe beiseite und nennen nur wenige große Namen: Altmühl, Regen, Lech und Isar kennt man, ebenso Ilz und natürlich den Inn, der beim Zusammenfluss in Passau größer als die Donau selbst erscheint. Kleine und Große Mühl, Traun, Enns, Erlauf und Ybbs, der Kamp und die schon genannte March münden neben vielen anderen großen Bächen und kleinen Rinnsalen auf österreichischem Staatsgebiet. Im Mittellauf steuern Leitha und Raab, Waag und Drau, Theiß und Save – lauter lange und mächtige Gewässer – das ihrige zum Wachsen des Stromes bei. Die Zubringer, die dann noch weiter im Osten in die Donau münden, sind uns Westlern kaum mehr bekannt; Namen wie Jiu, Isker, Olt, Argeş, Siret oder Pruth klingen in unseren Ohren einigermaßen exotisch.

Große Dramen, große Namen

Es ist hier gar nicht möglich, die Donau in ihren historischen, ökologischen und ökonomischen Dimensionen umfassend darzustellen. Man kann nur andeuten, welch wichtige europäische Kulturräume sie durchfließt. Sie verbindet katholischen Westen und orthodoxen Osten, Alpenraum und östliche Tiefebenen, letzten Endes Schwarzwald und Schwarzes Meer. Und trennt nach wie vor Staaten voneinander, heute vor allem die EU-Mitgliedsländer von Serbien, Moldau und der Ukraine.

An den deutschen und österreichischen Ufern prunken katholische Klöster, Stifte, Burgen und barocke Schlösser. Die historischen Innenstädte von Regensburg und Passau, von Wien und Budapest sind weltberühmt. Das im Laufe seiner Geschichte oftmals zerstörte Belgrad ist heute eine quicklebendige Metropole. Unterhalb des Eisernen Tores

Strom der Kulturen: Katholisches Kloster Weltenburg (ganz o.)
Orthodoxe Kirche in Ruse/Bulgarien (o.)

sucht und sieht man dann neben kommunistischem Brutalismus bulgarisch- bzw. rumänisch-orthodoxe Kirchen und Klöster, auf bulgarischer Seite auch noch etliche Moscheen aus osmanischer Zeit.

Seit dem Neolithikum sind die Donauufer als Siedlungsplätze gesucht, früheste Belege datieren um 1000 v. Chr. Die Griechen befuhren von Tomis, dem heutigen Constanţa, kommend den Unterlauf des Stromes. Herodot, der „Vater der Geschichtsschreibung", kannte so wie seine Zeitgenossen nur diesen Unterlauf, den er „Istros" oder „Histros" nannte. Nur allmählich sickerte unter den Römern dann die Erkenntnis ein, dass die Donau ein zusammenhängender, mächtiger und einzigartiger Strom ist.

Vielfach belegt ist, dass entlang des Stromes etliche **keltische Siedlungen** existierten und auch etliche Donau-Großstädte auf keltische Gründungen zurückzuführen sind.

Die **Römer** nahmen die Donau als Nordgrenze, jenseits derer die „Barbaren" hausten. Nur im Unterlauf wurde auch das nördlich des Stroms gelegene Dakien dem Imperium Romanum einverleibt. Das nahe Hainburg gelegene **Carnuntum** an der Ostgrenze Österreichs war eine von vielen ehemaligen Festungsstädten, an vielen Orten entlang des Stromes sieht man heute noch Reste der römischen Zivilisation, auch und gerade am Unterlauf des Flusses.

An der Donau haben sich in den letzten 2000 Jahren unzählige Dramen und Katastrophen, große Kriege und kleine Gemetzel abgespielt. Das macht sie bis heute zu einem von Mythen und Legenden umrankten Flusswesen höhere Ordnung. Ihre Ufer sind Schauplätze von Heldenepen und Heimatfilmen. Wer kennt sie nicht, die „Mariandl, aus dem Wachauerlandl"? Donau-Klischees sind allgegenwärtig. Alle lieben schließlich den „Donauwalzer" und mindestens ebenso sehr den Wachauer Wein.

Dass der Strom heute mindestens fünf verschiedene Namen trägt, macht ihn endgültig zum Kosmopoliten. Dunaj, Duna, Dunav, Dunarea und natürlich Donau – der Name selbst leitet sich vom indogermanischen Wortstamm „Dan" für „großer Fluss" ab, der über die Kelten an die Römer weitergegeben und von diesen zu **„Danubius"** transformiert wurde. Sagt die Wissenschaft. Aber vielleicht ist diese Namensgeschichte auch nur eine liebevoll gepflegte Legende. Wer weiß?

Ein Verkehrsweg seit ewigen Zeiten

Die Römer befuhren die Donau bereits auf weiten Abschnitten mit ihren Schiffen. Ein detailgetreuer Nachbau einer „Luseria" mit zwanzig Ruderern und einfachem Segel glitt zuletzt im Jahr 2022 die obere und mittlere Donau hinab, ein historisch relevantes Projekt ebenso wie ein touristisches Spektakel, zeigte sich die Besatzung an diversen Uferorten

CroisiEurope
VIVALDI

Die Wasserstraße: Schleuse am Eisernen Tor (l.)
Frachtkähne bei Galatz (ganz o.)
Donaustrand, Kunstmuseum Silistra (o.)

doch in wallender weißer Toga. Ein wichtiger Verkehrsweg war die Donau aber nicht nur zur Römerzeit. Der Hochzeitszug der Kriemhild lässt sich im „Nibelungenlied" von Ingolstadt entlang der Donau über Wien bis nach Esztergom nachvollziehen. Der „Nibelungengau" zwischen Ybbs und Melk trägt heute den Namen des germanischen Stammes, etliche Orte wie „Pechelarn"/Pöchlarn sind in dem mittelhochdeutschen Versepos namentlich genannt.

In jedem Fall durchmisst die Donau bis heute eine *ausgesprochene Vielvölkerregion, ein ethnisches Fluktuationsgebiet,* das seit über tausend Jahren von *Invasionen, Fremdherrschaft, Kolonisierungen, Völkerwanderungen und -verschiebungen betroffen war.* Kürzer und prägnanter als der Historiker Michael Weithmann kann man die daraus resultierende ethnische Gemengelage entlang des Stromes kaum zusammenfassen.

Siedlungen, Handelsplätze, Städte und Metropolen sind im Laufe der Jahrhunderte entstanden und wurden wieder zerstört; manche verschwanden für immer, andere erstanden stets aufs Neue. Ruinen und Burgen, mächtige Schlösser und Klöster säumen schon die Ufer der ganz jungen Donau. Spuren der 400-jährigen türkischen Vorherrschaft im Donauraum sind ab Ungarn flussabwärts an vielen Orten auszumachen. Der Orient und das Abendland stießen entlang der Donauachse immer wieder aufeinander, die Geschichtsbücher erzählen von blutigen Schlachten und Eroberungsfeldzügen. Die Osmanen wurden nicht zuletzt von den Habsburgern sukzessive zurückgedrängt, blieben aber in Teilen des heutigen Bulgarien bis gegen Ende des 19. Jahrhunderts an der Macht.

Am Wasser unterwegs mit Schachteln, Zillen und Schiffen

Ulm, 262 Kilometer unterhalb von Donaueschingen, ist die erste bedeutende Stadt am Oberlauf. Ab hier galt der Fluss in früheren Zeiten als „schiffbar", von hier starteten die als „Ulmer Schachteln" bekannten einfachen Plätten, mit denen Aussiedler im 18. Jahrhundert in die weitgehend entvölkerten Gebiete der Batschka, der Wojwodina und des Banats fuhren, um dort fortan als „Donauschwaben" zu leben und zu *über*leben. Die meisten ihrer Nachfahren kamen in der kommunistischen Ära nach 1945 als Rückwanderer zurück nach Deutschland bzw. Westeuropa. Und weil's so schön ist, fahren auch heute noch ab und zu nachgebaute „Ulmer Schachteln" zur Gaudi des p.t. Publikums die Donau abwärts. Wobei die Besatzungsmitglieder nicht im Entferntesten mehr daran denken, sich dauerhaft in der Wojwodina niederzulassen.

Keltische Einbäume, römische Ruderboote, Ulmer Schachteln, Flöße und Zillen und im Unterlauf osmanische Segelboote: Der Verkehr

Historisches Erbe: Moschee in Widin

auf dem Wasser gestaltete sich über die Jahrhunderte äußerst schwierig. Denn: Nach langen und friedlichen Flachstrecken strömt die Donau immer wieder durch Engtäler, in denen Felsen, Riffe, Strudel, aber auch Schotterbänke auf die wackeren Schiffsleut' lauerten und die Talfahrt zu einem oft lebensgefährlichen Unterfangen machten.

Flussaufwärts – gegen die Strömung – war der Verkehr weniger gefährlich, dafür aber äußerst mühsam, mussten doch die einfachen Boote händisch oder von Pferden an langen Seilen vom Ufer aus, vom sogenannten „Treppelweg“, gezogen werden. Oftmals wurden die Schiffe nach ihrer Fahrt donauabwärts aber auch einfach zerlegt und als Holz verkauft.

Gefährliche und mühsame Donaureisen

Schauen wir kurz in den Atlas: Für die Schifffahrt noch ohne Bedeutung ist das erste große Donauhindernis, die **Schwäbische Alb.** Durch die windet und schneidet sich der noch junge Fluss in engen Kehren und Schleifen. Nur Paddelboote sind hier unterwegs. Interessant ist der zweite Donaudurchbruch durch die **Fränkische Alb** zwischen Stift Weltenburg und Kelheim. Auf dieser **Weltenburger Enge** verkehren heute schon große Ausflugsschiffe. In **Kelheim** mündet dann die Altmühl bzw. zweigt der 171 Kilometer lange **Rhein-Main-Donau-Kanal** ab. Bis zu seiner Eröffnung 1992 von Naturschützern heftig bekämpft, ist es heute um ihn eher ruhig geworden. Die Zahl der Frachtkähne, die den von 16 Schleusen gespickten Weg zwischen Kelheim und Bamberg am Main antreten, ist überschaubar geblieben, die Durchfahrt für große Containerschiffe gar nicht möglich. Heute benutzen vor allem Flusskreuzfahrtschiffe die Wasserstraße. Jedenfalls ist ab Kelheim, rund 440 Kilometer unterhalb der Quellen gelegen, die Donau auf ganzer Länge „schiffbar". Fahren wir also los! Bald sind wir in **Regensburg**, der wichtigsten Stadt an der deutschen Donau. Die mittelalterliche steinerne Donaubrücke steht dem Schiffsverkehr im Wege, der läuft indes friedlich über einen nördlichen Seitenarm.

Vor **Passau** gab es durch den Bayrischen bzw. Böhmerwald eine weitere Engstelle mit Felsschwellen und tückischen Kehrwässern, das „Kachelet". Diese Passage ist heute durch eine große Kraftwerksstaumauer entschärft. Das nächste schöne Engtal trennt das **Mühlviertel** vom südlich angrenzenden **Sauwald.** Eine doppelte 180-Grad-Kehre, die **Schlögener Schlinge,** ist ein natürliches Wahrzeichen der oberösterreichischen Donau, ihr Panoramafoto fehlt in keinem Bildband. Weder Straße noch Bahn haben in diesem Engtal neben dem Fluss Platz, lediglich mit dem Rad kann man die Schlinge in ihrer ganzen Länge ausfahren – und sollte das auch tun.

Bei den Bootsleuten besonders gefürchtet war einst der **Strudengau** bei Grein, während die **Wachau** zwischen Melk und Krems mit ihren steilen Weingartenterrassen und Marillengärten zwar heute noch besonders eng und pittoresk erscheint, für die Schifffahrt aber nie ein ernstzunehmendes Hindernis darstellte.

Das Eiserne Tor, die Schwelle zum Orient

Östlich von Wien wird die Donau endgültig vom Gebirgs- zum Tieflandfluss, schließlich hat sie jetzt bei einer Pegelhöhe von 155 Metern über dem Meer schon den größten Teil ihres Gefälles abgearbeitet. Der Strom wird breiter, aber nicht tiefer, bei Niedrigwasser muss der Schiffsverkehr oft wochenlang eingestellt werden. Er sammelt, so kann man sich denken, alle Kraftreserven, um für die letzte große Gefahrenstelle auf dem Weg in den „fernen Osten" gerüstet zu sein: das **Eiserne Tor,** serbisch Đerdap (sprich „Dscherdap"). Felswände ragen steil in die Höhe, an manchen Stellen wird der breite Strom zwischen Banater Karpaten und serbischem Erzgebirge auf nur 120 Meter Breite zusammengequetscht – was mitsamt tückischen Stromschnellen eine durchgängige Befahrung

Seit jeher eine Schlüsselstelle: das Eiserne Tor

der Donau bis in die Neuzeit verhinderte. Erst mit dem Aufkommen der Dampfschifffahrt ab 1830 wurde der Fluss hier so wie an vielen anderen Abschnitten systematisch reguliert. Felsen und Riffe wurden gesprengt, neue Fahrrinnen gegraben. Auch am Mittellauf – wie am Beispiel Wien anschaulich zu sehen – wurde auf Teufel komm raus „reguliert", der Strom oft in ein enges Korsett gezwängt. Dies auch deshalb, um die stark wachsenden Städte vor den häufigen Hochwässern zu schützen. Zurück zum Eisernen Tor: Trotz aller Regulierung blieb die Passage gefährlich – bis 1972 die Staumauer des Kraftwerks „Đerdap 1" den Flusspegel um 35 Meter anhob. Damit war die Durchfahrt durch das Eiserne Tor sowohl mit großen Frachtverbänden als auch mit Personenschiffen zu allen Jahreszeiten gefahrlos möglich.

Unterhalb des Eisernen Tores gab und gibt es auch heute keine gefährlichen Strudel und Felsriffe, dafür umso mehr Sandbänke und Flachstellen, die die Flussschifffahrt vor gröbere Probleme stellen. Der Pegel sinkt aufgrund immer heißerer Sommer und enormer Wasserentnahme durch die Landwirtschaft beständig. Während in früheren Jahrhunderten

Niedrigwasser kein großes Thema war, boten strenge Winter, in denen die Donau für Wochen vollständig zufror, ein immer wiederkehrendes Naturschauspiel. Das Eis brachte viele Gefahren, ermöglichte aber auch einen regen winterlichen Fuß- und Schlittenverkehr von Ufer zu Ufer.

Domestiziert, gewehrt und gedämmt

Wir springen zurück nach Mitteleuropa und ins 20. Jahrhundert. Zahlreiche Kraftwerksmauern, die ab den Fünfzigerjahren zur Stromgewinnung hochgezogen wurden, verwandelten den Fluss nach den umfassenden Regulierungen weiter radikal. In Deutschland zählt man 13 kleine und mittlere Kraftwerke, das letzte in der Reihe ist das schon genannte „Kachelet" vor Passau.

Das erste der elf österreichischen Donaukraftwerke wurde 1957 zwischen Ybbs und Persenbeug errichtet. Seine Fertigstellung war für die nationale Selbstfindung fast ebenso wichtig wie die in den Hohen Tauern gelegenen Staumauern von Kaprun. Die Donau wurde fortan von den Stromproduzenten vor allem als „Kraftwerkskette" gesehen, wobei die Pläne für ein Kraftwerk am Ausgang der Wachau bei Dürnstein und vor allem für jenes in Hainburg im Osten des Landes schließlich ad acta gelegt wurden – der Widerstand durch Wissenschaftler und „Aubesetzer" im Jahr 1985 war zu groß geworden. Statt des Kraftwerks Hainburg wurde der Nationalpark Donau-Auen realisiert; zum Trost für die E-Wirtschaft wurde das Kraftwerk in der Wiener Freudenau gebaut.

An der mittleren und unteren Donau ist die Zahl der Kraftwerke aufgrund des geringen Gefälles überschaubar. Das slowakische Monsterkraftwerk Gabčíkovo ist trauriges Wahrzeichen einer besonders „harten" Flussverbauung. Wenigstens wurde die parallel dazu projektierte Staustufe Nagymaros im Donauknie nie verwirklicht; die ungarische Kernlandschaft blieb bis heute vom Bau einer Staumauer verschont. Scheinbar unvermeidlich war dagegen die Errichtung der schon genannten Staustufen Đerdap 1 und Đerdap 2 im Eisernen Tor. Etliche Städte und Dörfer sowie die immer wieder beschriebene, bis zuletzt türkisch besiedelte Donauinsel Ada Kaleh wurden vom Stausee überflutet.

Vom Monopolisten zum Niedergang: die stolze DDSG

Ohne sie kann man die Donau nicht erzählen: Die Donaudampfschifffahrtsgesellschaft, kurz DDSG, war ein k. u. k. Erfolgsmodell; der frühe Monopolist galt gegen Ende des 19. Jahrhunderts als größte Binnenreederei der Welt. Die DDSG besaß über 200 Dampfschiffe, tausend Güterkähne sowie eigene Werften, Kohlegruben und Eisenbahnen. Rund hundert Jahre später – 1991 – wurde die nach dem Zweiten Weltkrieg

Auf den Spuren der Antike: Römerfest in Swischtow

verstaatlichte Gesellschaft in ein Personen- und ein Frachtunternehmen zerschlagen und verkauft. Die DDSG Blue Danube führt heute Ausflugsfahrten in Wien, in der Wachau und nach Bratislava durch, der einst so beliebte Linienverkehr zwischen Wien, Linz, Passau und darüber hinaus in die eine sowie nach Budapest und weiter bis zum Schwarzen Meer in die andere Richtung ist längst eingestellt. Zum Trost sind die von privaten Vereinen restaurierten und betriebenen alten DDSG-Schaufelraddampfer „Schönbrunn" und „Stadt Wien" ab und zu auf einer Vergnügungsfahrt auf dem Strom zu sehen. – Statt der „weißen" DDSG-Flotte befahren heute rund hundert moderne Kreuzfahrtschiffe internationaler Reedereien die Donau. Dass die Flussfahrt hinter dem rumänischen Galatz bis kurz vor Tulcea über rund siebzig Kilometer direkt am ukrainischen Ufer entlangführt, macht diesen Teil der Reise nicht eben leichter.

Der Frachtverkehr auf der Donau hat im Gegensatz zu jenem am Rhein in den letzten Jahrzehnten beständig abgenommen. Laut Statistik Austria gab es 2022 auf der Donau zwischen Passau und Hainburg 6.400

beladene Fahrten – ein Rückgang um fast 1.600 Fahrten gegenüber 2021. Parallel dazu sank auch das Transportvolumen auf einen historischen Tiefstand. Frachtschiffe transportierten 2022 rund 6,4 Millionen Tonnen Güter –um 22,9 Prozent weniger als 2021. Nur auf der untersten Donau stiegen zuletzt Frequenz wie Tonnage, denn ausgerechnet der Krieg in der Ukraine brachte zusätzliche neue Ladungen aufs Schiff.

Mit Brücken und Fähren über den Fluss

Mehr als 300 Übergänge führen zwischen Schwarzwald und Delta von hier nach drüben, von der ersten Brücke in Donaueschingen bis zur 2023 eröffneten, fast zwei Kilometer langen Hängebrücke beim rumänischen Brăila. Während die Zahl der Fahrrad-, Feldweg-, Kraftwerks- und Eisenbahnbrücken im Oberlauf kaum zu überschauen ist, werden Brücken Richtung Osten schon aufgrund der zunehmenden Breite des Stroms seltener. Wer Näheres wissen will: Das Internet zählt sie allesamt penibel auf. Schon der römische Kaiser Trajan ließ anno 105 n. Chr. unterhalb des Eisernen Tores eine Holzbrücke errichten; von ihr sieht man heute noch Reste eines gemauerten Pfeilers. Die 1135 bis 1146 erbaute Steinerne Brücke von Regensburg ist die älteste Brücke Deutschlands, ein Wahrzeichen der schönen Stadt. Berühmt sind die 1849 fertiggestellte Kettenbrücke in Budapest oder die Anghel-Saligny-Stahlgitterbrücke nahe dem rumänischen Cernavodă. Als strategisch wichtige Bauwerke werden Brücken in kriegerischen Auseinandersetzungen immer wieder zerstört. Zuletzt geschah das nicht etwa im Zweiten Weltkrieg, sondern im Jahr 1999. Die NATO intervenierte im von Serbien ausgelösten Kosovo-Krieg und bombardierte die Brücken von Novi Sad und Belgrad – wodurch der Schiffsverkehr auf der Donau auf Jahre völlig zum Erliegen kam.

An vielen Orten verkehren Fähren von Ufer zu Ufer, oft auch zwischen zwei Staaten. Die Überfahrten mit kleinen Personen- und Radfähren sowie den berühmten motorlosen Wachauer „Rollfähren“ von Spitz und Weißenkirchen erfreuen das Herz jedes Touristen; weiter im Osten erfüllen Motorfähren, die auch schwere Lkw transportieren können, eine wichtige Verkehrsfunktion. Dass sie sichtbar oftmals nahe am Ende ihres Lebenszyklus angekommen sind, ist das eine Problem, dass sie die steigende Zahl von Lkw gar nicht mehr bewältigen können, das andere. Oft müssen Trucker tagelang auf die kurze Überfuhr warten.

Donaumetropolen, große Städte und ernste Probleme

Die Hauptstädte von vier Staaten – Österreich, Slowakei, Ungarn und Serbien – liegen unmittelbar am Strom; allein das untermauert die enorme Bedeutung des *europäischsten aller Flüsse*. Die rumänische Metropole Bukarest liegt etwa siebzig Kilometer nördlich der Donau, auch

Die „Schönbrunn“ in Linz: Schöne Grüße von der DDSG (ganz o.)

Verbindet Bulgarien und Rumänien: die „Brücke der Freundschaft“ bei Ruse (o.)

sie ist damit noch im Einzugsgebiet des Stromes. Deutschland hat mit Ulm, Regensburg und Passau drei wichtige Donau-Großstädte aufzubieten, an Nord-Süd-Handelsrouten gelegen waren sie seit jeher auch wichtige Brückenstädte.

Die größten rumänischen Städte an der Donau sind Brăila und Galatz, deren Hochblüte allerdings schon länger zurückliegt. Bulgarien hat mit Ruse, der Geburtsstadt von Elias Canetti, eine einzige, dafür aber wirklich ansehnliche Großstadt am Ufer; die Bedeutung anderer ehemals mächtiger Orte wie Widin, Swischtow oder Silistra ist stark geschwunden.

Insgesamt leben im „Donauraum“ und an der Donau viele Millionen Menschen. Man findet am Strom Schwerindustrie, chemische Werke, Atomkraft- und Wasserkraftwerke ebenso wie industrielle Landwirtschaft. In der Donau selbst schwimmen Frachter und Kreuzfahrtschiffe – sowie Unmengen an Plastikmüll.

Die Frage stellt sich ganz von selbst: Wie hält die schöne blaue Donau das alles aus? Wie geht es ihr, jetzt einmal rein ökologisch gesehen? Ist sie klinisch tot oder quicklebendig? Die gute Nachricht zuerst: Es war alles schon einmal schlechter. Die Internationale Kommission zum Schutz der Donauregion ICPDR meldet, dass in den letzten zwölf Jahren die organische Verschmutzung um sechzig Prozent, der Phosphoreintrag um fünfzig Prozent, die Stickstoffeintrag um immerhin ein Drittel zurückgegangen ist. Das ist schon was! Die meist am Strom errichteten Industrie- und Chemiekombinate des „realen Sozialismus“ wurden nach der Wende „abgewickelt“, also geschlossen. Der EU-Beitritt der Länder des „realen Sozialismus“ brachte Auflagen, Umweltförderungen und den Bau von Kläranlagen – wenn auch lange nicht im nötigen Ausmaß. Die serbischen Großstädte Novi Sad und Belgrad haben auch 2023 noch keine effektive Abwasserreinigung. Der Deutsche Uni-Chemieprofessor Andreas Fath schwamm, begleitet von Paddel- und Motorboot, 2022 von Ulm bis nach Sulina im rumänischen Donaudelta, um die Verschmutzung durch Mikroplastik zu dokumentieren. In Belgrad, so erzählt er, fühlte er ganz deutlich, wie das Wasser durch den menschengemachten Eintrag plötzlich „deutlich wärmer“ wurde.

Gefährdeter Stör, gerettete Altarme

In vielen der zehn Donaustaaten gibt es Initiativen zum Schutz der Donau, doch der WWF zählt die Donau noch immer zu den zehn gefährdetsten Flüssen der Welt. Zwar wurden von Deutschland bis zum Schwarzen Meer Naturparks und Naturschutzgebiete, Nationalparks, Schutzzonen, Renaturierungsgebiete und Biospärenreservate eingerichtet, doch die Fischbestände sind und bleiben dramatisch reduziert.

Bilder eines Stromes: Donauhafen in Brăila (S. 28/29); Speedboot im Delta (o.)

Von sechs Störarten gelten zwei als bereits nahezu ausgerottet. Ihr Aufstieg vom Delta zu den Laichgebieten bis nach Wien wurde nicht zuletzt durch das Kraftwerk Eisernes Tor verunmöglicht. Fischaufstiegshilfen neben Kraftwerken sowie Wiederansiedlungsprojekte für Störe sind da nur ein schwacher Trost. Die Donau gilt als rettungslos überfischt, bestenfalls im rumänischen Delta hat der Wirtschaftszweig noch eine gewisse Bedeutung – wie lange noch, steht in den Sternen, denn die Jagd auf den archaisch anmutenden Kaviarfisch geht weiter, natürlich auch „inoffiziell". Zu hoffen ist, dass die „Serbischen Karpfen", Donauhechte, Huchen und Barben, die man an den Ufern serviert bekommt, auch wirklich aus der Donau gefischt wurden – und dass sie nicht allzu sehr mit Schadstoffen belastet sind.

Laut Donaukommission darf man immerhin noch rund die Hälfte des Flusslaufs zumindest als „naturnah" bezeichnen. Es gilt das Prinzip Hoffnung. Wie gesagt werden manche Uferzonen „renaturiert", ausgetrocknete Altarme wieder an den Fluss angebunden. An anderer Stelle hingegen werden immer noch wertvolle Auböden versiegelt, werden neue Begleitstraßen und Autobahnbrücken gebaut. Der Kampf

Ökologie gegen Ökonomie ist noch lange nicht entschieden, nirgendwo und schon gar nicht im Biosphärenreservat Donaudelta.

Das Delta: Das Ende des Flusses und ein Neuanfang

Diese 5.000 Quadratkilometer große Naturlandschaft ist Europas größtes Feuchtgebiet, der Lebensraum von über 4.000 Tier- und tausend Pflanzenarten, bestehend aus schwimmenden Inseln, Sandbänken, Au- und Galeriewäldern, Sanddünen, Schilfflächen, Sümpfen, Seen und Kanälen. Abertausende Wasser- wie Zugvögel haben in dieser „Wasserwelt" ihre Brutkolonien. Siedlungen gibt es kaum, die touristische Erschließung beginnt erst – die Konflikte zwischen Touristikern und Naturschützern werden wohl noch lange bestehen.

Womit wir zum Ende dieses kurzen, kursorischen Überblicks und auch zum Ende des Stromes kommen. Beziehungsweise zu seinen drei Enden. Denn die Donau endet so, wie sie beginnt: In einer Dreifaltigkeit. Nahe der Delta-Hauptstadt **Tulcea** fächert sich der Strom in drei große Mündungsarme auf. Der **Chilia-Arm** fließt im Norden des Deltas vorbei an der ukrainischen Hafenstadt Ismail ins Schwarze Meer. Ganz im Süden begrenzt der **St.-Georgs-Arm** das Delta. Der natürlichste der drei Mündungarme strebt in riesigen Mäandern, begleitet von mächtigen Bäumen und grünen Auwiesen, dem Meer zu, um sich beim wenig besuchten Mündungsort **Sfântu Gheorghe** ins Meer zu ergießen. Der dritte Arm ist der unspektakulärste, aber wichtigste: Auf dem zentralen **Brațul Sulina**, einer weitgehend begradigten Schifffahrtsrinne, gelangen auch Hochseeschiffe aus dem Mittel- und dem Schwarzen Meer bis nach Brăila flussaufwärts. Nahe der Mündung liegt friedlich das Städtchen **Sulina.** Hier findet die Donau ihr offizielles Ende. Aber jedem Ende wohnt bekanntlich auch ein Anfang inne: In der Mitte der Stadt, auf der Höhe des funktionslosen alten Leuchtturms, steht am Ufer der Sulina-Donau eine schlichte Tafel mit einer großen Null drauf: der „Flusskilometer Null". Auch das ist ein Donau-Spezifikum: dass die Flusskilometer von der Mündung aufwärts bis zum Ursprung gezählt werden.

Die im Weiteren beschriebene Reise beginnt freilich ganz konventionell nicht an der Mündung, sondern an der Quelle ihres längsten Quellflusses, der Breg. Wir machen uns also auf den langen Rad-Weg. Und halten Nachschau, welche Überraschungen und Schönheiten, welche Freuden und Leiden die Donau im wirklichen Leben für uns bereithält.

Jäger und Gejagter: Fischer im Donaudelta (ganz o.), Stör im Aquarium von Tulcea (o.)

Die große Überfahrt:
Fähre in der Schlögener Schlinge

Die Donau per Rad: Von den Quellen im Schwarzwald bis Wien

Prolog: Ad fontes!

Donaueschingen–Furtwangen–Donaueschingen

62 km
300 hm

Die Reise beginnt mit einer herben Niederlage. Mit gloriosem Scheitern. Aber was erzählt werden muss, muss eben erzählt werden … Ich verließ die etwas in die Jahre gekommene Pension Waldblick nahe Donaueschingen gegen neun Uhr früh. War es bis zu diesem Zeitpunkt an diesem 25. April nur nebelgrau gewesen, begann es exakt in der Minute, da ich aufs Rad stieg, zu nieseln. Ich zog die Regenjacke über, verfuhr mich nur kurz, fand dann die richtige Straße, die auch gleich ordentlich bergauf und hinein in ein Waldstück führte. Aus dem feinen Sprühregen wurde innerhalb von Minuten richtiger Niederschlag. Es regnete, ich aber fuhr weiter, denn die Hoffnung stirbt bekanntlich zuletzt, vor allem jene auf trockenes Wetter. Mein Ziel war gar nicht so fern, lag etwa vierzig Kilometer und rund 400 Höhenmeter Richtung Westen und hieß „Bregquelle“. Die Breg, das zur Erklärung, ist der längere der beiden Donau-Quellbäche. Dort wollte ich hin, dort musste ich hin.

Kurzer Stopp nach fünf Kilometern, um die Regenhose über die lange Hose, die Gummigamaschen über die Schuhe und die neongelbe Plastikfolie über den Sturzhelm zu ziehen. Die Lufttemperatur lag bei der Abfahrt um die fünf Grad plus und der Prognose, dass daraus nicht viel mehr, sondern eher weniger werden sollten, wollte ich einfach nicht glau-

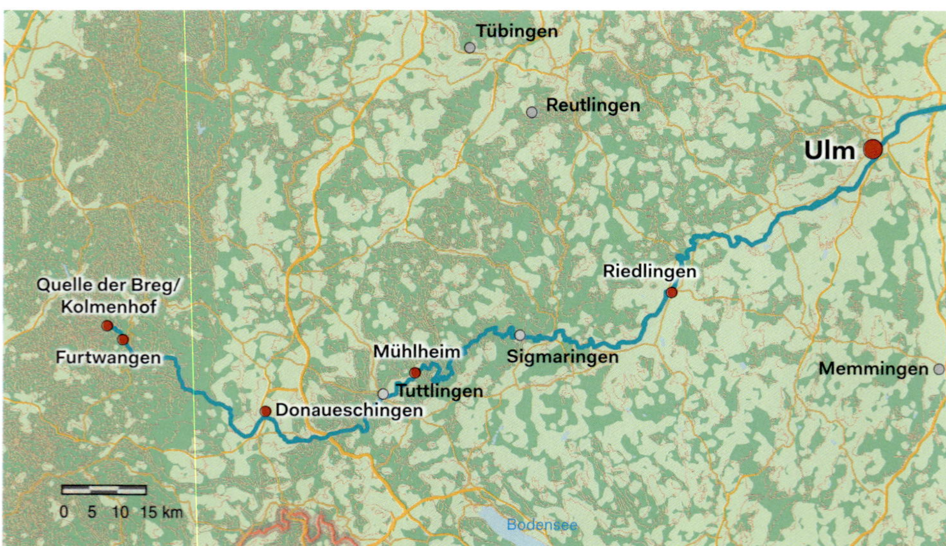

ben. Es muss ja nicht alles stimmen, was das Handywetter prophezeit! Außerdem war mir zu diesem Zeitpunkt noch nicht kalt, denn ich trat, wie man so sagt, ordentlich in die Pedale. Es regnete einmal stärker, dann wieder weniger stark, der Verkehr war halbwegs erträglich und immer wieder glaubte ich, im Westen, dort!, vorne!, hinter der nächsten Kurve!, einen Silberstreif am Horizont zu sehen. Redete mir ein, bald müsse sich die Sonne zeigen, und wenn schon das nicht, dann zumindest der Regen aufhören. Als erstes, vorläufiges Etappenziel stand Furtwangen im Schwarzwald auf dem Programmzettel. Was es bedeuten sollte, dass dieses Städtchen, bekannt für seine historische Uhrenproduktion, sich die „höchstgelegene Stadt Baden-Württembergs" nennt, wurde mir bald klar: In den Regen mischten sich nasse, weiße Flocken. Ich fror immer noch nicht, dafür war ich nicht nur außen, sondern auch innen nass. Neben mir rauschte, jawohl rauschte, ein kräftiger Bach, die Breg, früher auch „Brege" genannt. Die Berge des Schwarzwalds, in denen sie entspringt und die ich mir vor meiner Abreise als ziemlich lächerliche Hügel imaginiert hatte, wurden von Minute zu Minute bedrohlicher und in Kontrast zu den weißen Flocken noch finsterer, als sie mir bisher schon erschienen waren. Auf den Höhenrücken ganz oben lag Schnee, die Baumwipfel waren weiß angezuckert. Als ich nach gut eineinhalb Stunden die Ortstafel von Furtwangen sah, zeigte das Thermometer auf meinem Instrument ein Grad Celsius. Plus, immerhin. Ich begann sowohl an der Sinnhaftigkeit als auch am Erfolg meines Vorhabens zu zweifeln, musste aber zuerst

Bei Regen und Kälte: Aprilwetter an der jungen, wilden Breg

www.furtwangen.de

www.kolmenhof.de/k/donauquelle

www.donaueschingen.de/donauquelle

einmal ein warmes Stübchen finden, um mich nicht rettungslos zu erkälten. In einem kleinen Café bestellte ich heißen Früchtetee. Am WC schälte ich mich aus den nassen Sachen. Ich leerte das Wasser aus den Schuhen, drückte es aus den Socken in die Waschmuschel und versuchte auf dem Weg zurück zu meinem Katzentischchen wenigstens halbwegs die Fassung zu bewahren. Mich fröstelte, trotz trockener Kleidung. Ich starrte durch die Fensterscheibe, sah, wie der Schneeregen für Minuten nachließ, um danach umso heftiger wieder einzusetzen. Eine trostlose Stimmung lag über dem Ort, er schien mir nun eine nasse und kalte Vorhölle für übertrieben ehrgeizige Radfahrer zu sein. Bis zur Bregquelle sollten es nur noch acht Kilometer sein! Aber immer bergauf und zuletzt auf einer kleinen, steilen Waldstraße. Dort oben, auf knapp elfhundert Metern Seehöhe, meinem so sehr ersehnten Ziel, liegt jetzt sicher schon Schnee, dachte ich. Ich kaufte mir im einzigen geöffneten, schwach beleuchteten Sportgeschäft einen dicken Sweater, lief im Nieselschneeregen ins dunkel getäfelte Wirtshaus und bestellte Flammkuchen. Ich zitterte vor Ärger, Frust und Kälte. Offenbar war man in diesem Lokal (mit sehr netter Bedienung) auf einen Kälteeinbruch wie diesen nicht gefasst gewesen und hatte vergessen, die Heizung anständig aufzudrehen.

Ich sondierte die Lage. Mein Plan war ja gewesen, die Donau von der Quelle bis zur Mündung entlangzufahren, und zwar durchgehend. Der Ursprung der Breg, des längeren der beiden Quellbäche, sollte das Sahnehäubchen sein, die Draufgabe, die Extraportion auf das große Vorhaben. Ich hatte, und das war das Problem, mir nur einen Tag Zeit für den Quell-Sturm gegeben, das Zeitkorsett war eng, ein zweiter Anlauf am nächsten Tag einfach nicht drin, die Wetterlage auch für die kommenden Tage unsicher. Der Flammkuchen war noch gar nicht gegessen, da hatte ich mich schon entschieden: Das wird nichts mehr mit mir und der Bregquelle. Ich zog alles Wärmende, das ich in der Packtasche finden konnte, an und setzte mich aufs Rad. Ein letzter sehnsüchtiger Blick in den trüben Himmel. Dort irgendwo, hinter dem Grau des Schneeregens, musste sie sein, die Quelle. Neben mir rauschte und schäumte die junge, dunkelbraune Breg. Manche Vorhaben scheitern, so ist das eben im Leben. Klickklick machten die Schuhe in den Pedalen und schon fuhr ich talwärts, hinunter zur *anderen* Donauquelle, jener von Donaueschingen. Spritz- und Regenwasser trübte die Brillengläser, die Handschuhe waren ebenso durchweicht wie die Socken, die Finger steif, die Zehen eisig. Nach 15 Kilometern Abfahrt ließ der Regen nach. Zurück in Donaueschingen waren die Straßen schon wieder trocken. Erste helle Flecken zeigten sich zwischen den schweren Wolken. Nach einer Schwarzwälder Kirschtorte war mein Frust wenigstens zum Teil verflogen. Nichts wie hin zum zweiten, ebenso *richtigen* Ausgangspunkt meiner Reise.

Ein Wallfahrtsort: Donauquelle in Donaueschingen

Der Start ins Leben

Etappe 1: Donaueschingen–Mühlheim a. d. Donau

42 km
160 hm

Alles hier in Donaueschingen ist gut angeschrieben und markiert, man kann den Weg kaum verfehlen. Das gilt für die Anreise zum Fürstlich Fürstenbergischen Schlosspark und der berühmten Donauquelle ebenso wie für den Weg zum Zusammenfluss von Brigach und Breg sowie für die gesamte Reise von Donaueschingen bis ins 600 Kilometer entfernte Passau. Der Fluss gibt die Richtung vor.

Ein Aufzug hat mich und mein Rad vom Straßenniveau zu diesem viel und gern besuchten Ort gebracht: Da stehe ich also nun am Rand des Quellbeckens. Die seit ewigen Zeiten hier ansässigen Fürstenberger haben um 1830 den vor den Mauern ihres Anwesens entspringenden *Donaubach* gefasst, ihm einen kreisrunden Pool gebaut und ihn mit der Figurengruppe „Die junge Donau als Kind im Schoße der Baar" gekrönt. Die *Baar*, das ist der Name der dem Schwarzwald vorgelagerten Landschaft rund um Donaueschingen. Fotos und Selfies sind des Reisenden Pflicht, viele der Kurzbesucher werfen Münzen in das Becken und erhoffen sich dadurch so manches Wunder. Besagter *Donaubach* schwindelt sich aus diesem schön verzierten Becken unterirdisch in

Renaturiert: Der Zusammenfluss von Brigach und Breg (l.)
Fachwerkhaus in Mühlheim (ganz o.)
Gedeckte Holzbrücke bei Mühlheim (o.)

www.oebb.at

www.db.de

www.muehl heim-donau.de

www.deutsche-donau.de/donauradweg

die Brigach, seine Mündung wird neben der Straße mit einem kleinen *Donautempel* markiert. Nach eineinhalb Kilometern schließlich mündet die Brigach in die Breg oder, wie man auch sagen kann: die beiden vereinigen sich.

Der Ort der Vermählung der Quellflüsse ist in den letzten Jahren „renaturiert" worden. Zwei Holzterrassen wurden gebaut, kleine Stege am Ufer angelegt, Im Sommer planschen hier Kinder wie Erwachsene im seichten Wasser. Meine Tour beginnt, da ich die Bregquelle knapp verfehlt habe, nun eben an diesem magischen Punkt.

Nur um es nochmals klarzustellen: Wir befinden uns hier nicht in einsamer, wildromantischer Natur. Einige Meter unterhalb dieses Orts führt bereits eine stattliche Straßenbrücke über das friedliche Flüsschen. Stolz steht das Schild „Donau" neben der Brücke und lässt keinen Zweifel mehr über die Identität des Gewässers aufkommen.

Los geht's, jetzt aber wirklich! Die Hügel rings um Donaueschingen steigen auf rund 800 Meter an, das Tal selbst ist weit. Der Radweg führt im Zickzack über feuchte Wiesen. Die Donau, wo ist sie? Schamhaft versteckt sich das sanfte Wässerchen. Überall sind dünne Kanäle und kleine Tümpel zu sehen, nur an mancher Biege stößt der Radweg direkt ans Ufer. Im Tal laufen Bundesstraße und Bahn, eine Anzahl kleinerer Orte liegt wie aufgefädelt hintereinander. Natürlich finden sich auf diesen ersten Kilometern des kleinen, großen Flusses idyllische Plätzchen, doch Zeit für längere Halts habe ich nicht, denn das Quartier in *Mühlheim* will noch vor Sonnenuntergang erreicht werden und unterwegs ist noch die nächste Sensation zu besichtigen: Die „Donauversickerung" bei *Immendingen*. Nur wenige Meter vom Radweg entfernt steht man ungläubig staunend an jener Stelle, an der in rund der Hälfte des Jahres die Donau ganz und gar im Untergrund verschwindet (siehe S. 11). In meinem Fall, Schneeschmelze und Regenfront haben das ihre dazu beigetragen, ist zwar Wasser im Flussbett, aber immerhin sichtbar weniger als noch fünf Kilometer weiter oberhalb. Weiter, weiter! Eine gedeckte Holzbrücke da, eine kleine Wehr dort, blühende Bäume am Ufer, ohne Stopp durch *Tuttlingen*, eine Mittelstadt mit viel Industrie. Wer noch immer glaubt, dass die Donau in einem zivilisationsfernen Urwald ihren Ursprung hat, wird spätestens hier eines Besseren belehrt.

Jetzt aber werden die Ufer steiler, senkrechte Kalkwände steigen empor. Die Sonne scheint mittlerweile die meiste Zeit, steht aber schon ziemlich tief. Die Schrecken des eisigen und finsteren Vormittags sind vergessen, die Tour beginnt zu rollen. Ab nun kann man der Donau beim Wachsen und langsamen Erstarken zuschauen. Sehen, wie aus dem Bächlein allmählich ein Flüsschen wird. Und bald einmal ein richtiger Fluss.

Die Anfahrt in die Oberstadt von *Mühlheim* ist steil, dafür ist der Ort mit seinen Fachwerkhäusern und einer properen Pension ein würdiges Tagesziel. Allein der Blick von oben hinunter ins Tal der kaum vierzig Kilometer jungen Donau ist die Anfahrt wert. Dass das Dorfwirtshaus geöffnet hat und warme Speisen anbietet, ist der glanzvolle Schlusspunkt eines, sagen wir, durchwachsenen, aber letztendlich doch erfolgreichen ersten Fahrtags an der deutschen Donau.

Anreise mit der Bahn:
Über München nach Ulm, ab Ulm mit der Regionalbahn bis Donaueschingen. Reservierung bis Ulm nötig.

Das Flüsschen lernt sich zu behaupten

Etappe 2: Mühlheim–Riedlingen

83 km, 490 hm, 125 km gesamt

Man geht möglicherweise mit falschen Erwartungen an die Aufgabe heran. Ich zum Beispiel dachte anfangs, die Fahrt von Donaueschingen nach Passau wäre ein Kinderspiel, etwas für junge Eltern mit Kinderanhänger oder auch für ältliche, jeden Anstieg scheuende E-Bike-Fahrer. Aber nicht alles ist so, wie man es sich ausdenkt. *Es ist das Unerwartete,*

Rauschendes Wasser: Wehr in Riedlingen

Jung und mild: Donau bei Mühlheim (ganz o.); stolz und mächtig: Schloss Sigmaringen (o.)

das begeistert, sagt Ilija Trojanow in seiner „Gebrauchsanweisung fürs Reisen“. Was man nur mit heftigem Nicken bestätigen kann. Heute, am Tag zwei, kommen nämlich, irgendwie unerwartet, knapp 500 Höhenmeter zusammen, und die spürt man mit 13 Kilo Gepäck schon deutlich. – Kaltstart in den hellen Morgen. Der Weg gleich hinter Mühlheim führt mitten durch die Schwäbische Alb. Nicht mehr ein weites, breites Tal bietet sich dem Radfahrer dar, sondern eine enge, windungsreiche Passage, gespickt mit giftigen Anstiegen. Nach *Fridingen* wird's wildromantisch, die Kalkfelsen werden immer höher und steiler. Die Bahntrasse schneidet die engen Mäander durch Tunnels ab, die Straße führt gleich über größere Umwege und weil neben dem tapferen Flüsschen nicht einmal für den Radweg Platz ist, muss man über so manchen kleinen Pass treten. Zur Belohnung gibt's immer wieder schöne An- und Aussichten auf Eisenbahnstahlgitterbrücken, Uferwiesen, zartgrüne, junge Buchenblätter und strahlend weiße Kalkfelsen. Man darf mich einen Banausen schimpfen, aber für einen Besuch der *Erzabtei Beuron*, das erste große Kloster am Donaulauf, nehme ich mir keine Zeit. Ein anderes Mal. Weiter! Weiter!

www.hohenzollern-schloss.de

www.naturpark-obere-donau.de

www.riedlingen.de

Ganz hoch auf der Talkante thront die *Burg Wildenstein*. Muss schön sein, dort oben, ebenso wie auf *Schloss Werenwag* am Nordufer, das ausgesetzt auf einer Felsnase klebt. Die Sonne strahlt die Felsen an, in den Talgrund findet sie erst an wenigen Stellen. Handschuhe, dicke Socken und eine Haube unter dem Helm sind an diesem Frühlingsmorgen bitter nötig, aber es ist trocken und klar. Und Regen nicht in Sicht.

Kaum andere Radfahrer (und -innen!) sind unterwegs, ich habe die Donau für mich allein. Kaum war man an einer Felsenwand entlanggefahren, rollt man schon über saftig-grüne Wiesen; die Hänge links und rechts sind mit dichtem Wald bedeckt. Bei *Sigmaringen* endet die lange Idylle mit einem wahren Paukenschlag: Das Fürstlich-Hohenzollernsche Schloss sitzt, den Ort unter sich völlig beherrschend, auf einem Felsen über der Donau. Eklektizistisch, historisierend, neugotisch, all das trifft das Wesen dieses Bauwerks nicht so ganz. Sagen wir so: Es ist Prunk-, Pomp- und Machtarchitektur von allerhöchster Güte.

Die restlichen dreißig Kilometer des Tages bis nach Riedlingen sind, verglichen mit dem bisherigen Weg, weniger spektakulär. Es tut zur Abwechslung gut, aufregungslos dahinzurollen. Die Donau lasse ich freilich nicht aus den Augen. Aus dem schmalen Flüsschen ist schon ein kleiner Fluss geworden, dem nirgendwo mehr Schrumpfung oder Versinkung droht: Ab sofort wird nur noch gewachsen. Auwald macht sich breit und in den kleinen Orten gibt's für Freunde des Fachwerkbaus genug zu schauen. Mitten in *Riedlingen* liegt eine kleine Donauinsel und eine große Wehr, viel alte und auch jüngere Häuser stehen direkt am Wasser, ich

Wasserkraft: Kleinkraftwerk Rechtenstein (ganz o.); auf dem Weg nach Ulm: Bei Munderkingen (o.)
Die Pyramide von Ulm: Stadtbibliothek, 2004 eröffnet (r.)

laufe mir die Füße wund und fotografiere, was das Zeug hält. Alles ist gut, nur der Allerwerteste schmerzt. Morgen muss ich noch mehr Hirschtalg schmieren! Die Bratwurst im „Hirsch" hätte ich besser nicht gewählt, aber das weiß man auch erst immer im Nachhinein und tut eigentlich nichts zur Sache. Riedlingen ist wie gesagt ein attraktives Städtle, kann man echt empfehlen.

Nach Ulm und in Ulm und um Ulm herum

Etappe 3: Riedlingen–Ulm

70 km, 310 hm, 195 km gesamt

Es war mir schon gestern aufgefallen: Man fährt durch eine Modellbahnidylle; die Häuser, Bahnhöfe und Kirchen schauen vorwiegend aus wie im legendären „Faller"-Katalog. Kein Wunder, denn die Modellbaukästen werden nicht fern von hier produziert, in Gütenbach bei Furtwangen gibt es sogar ein Faller-Museum. Schön! Kleinkraftwerke, die zwei Türme der Klosterkirche Obermarchtal, lange Alleen, Donau-Teiche. Der Weg ist zumeist asphaltiert, bisweilen aber auch Naturfahrbahn. Langsam treten Industrieanlagen, Lagerhallen und ganze Gewerbeparks ins Blickfeld, dann auch schon das erste große Donaukraftwerk, Ulm-Wiblingen. Schließlich ist auch sie nicht mehr zu übersehen, die Spitze des *Ulmer Münsters*: mit 161 Metern der höchste Kirchturm der Welt. Angeblich, wer misst nach? Das Navi zieht mich brav durch die Stadt Richtung Hotel, dass der Radweg auf der großen Brücke über die Gleisanlagen „wegen Bauarbeiten" gesperrt ist, kann es natürlich nicht wissen. – Sightseeing in Ulm. Münster, die gläserne Pyramide der Stadtbibliothek, das Sportgeschäft, in dem ich endlich eine brauchbare Regenjacke finde (weil ich meine vorgestern in Mühlheim vergessen habe), das alte Fischerviertel, schlussendlich auch noch das Donauschwäbische Zentralmuseum (DZM) mit einem Nachbau einer „Ulmer Schachtel" in Originalgröße vor dem Haus. Nur ein paar Schritte sind es vom DZM bis zum Flussufer unter der alten Stadtmauer und dem Gedenkstein, auf dem geschrieben steht, dass im 18. Jahrhundert viele „Donauschwaben" hier in Ulm ihre Schachteln, schiffähnliche Plätten, bestiegen und auf ihnen und der ungezähmten Donau ihrem ungewissen Schicksal im Osten entgegentrieben. Auch ich blicke einer ungewissen Zukunft entgegen: Das Handywetter prophezeit für morgen ausgiebigen Regen.

tourismus.ulm.de

www.dzm-museum.de

www.ulmer-schifffahrt.de

Ulm: Gedenkstein für die „Donauschwaben"

VON ULM AUS ZOGEN
DEUTSCHE SIEDLER IM
18. JAHRHUNDERT AUF
DER DONAU NACH DEM
SÜDOSTEN EUROPAS
JHRE NACHFAHREN
KEHRTEN VOM SCHICKSAL
NACH DEM ZWEITEN WELT
KRIEG AUS IHRER HEIMAT
VERTRIEBEN IN DAS LAND
IHRER VÄTER ZURÜCK
Donauschwabe

Wasser von oben und von unten

Etappe 4: Ulm–Donauwörth

80 km, 160 hm, 275 km gesamt

Ein von mir geschätzter Reiseführer schwärmt von alten Residenzstädten mit prachtvollen Barock- und Renaissancebauten, von historischen Stadtkernen und zwischendurch von Feuchtbiotopen. Ja, Feuchtbiotope. Feucht ist es hier auch ohne Biotope, schon bei der Abfahrt regnet es, und gar nicht so wenig. Der Tag bringt kein Kulturprogramm, sondern einen Kampf ums Überleben, sinnbildlich gesprochen. Wie lange kann man im strömenden Regen fahren? Wie lange hält man das aus? Wo wäre bitte der nächste Bahnhof? Wenigstens ist es nicht mehr so kalt wie in Furtwangen. Der Regen ist zeitweise so heftig, dass er auf den Wangen schmerzt. Die Straßen sind rutschig, die Feldwege dreckig, die Lacken tief. Das Rad verschmutzt zusehends und ebenso sein Fahrer, der nun so etwas wie Selbstmitleid verspürt. Warum immer ich? In kurzen Regenpausen keimt die Hoffnung auf Trocknung, doch die Hoffnung währt niemals lange. Manchmal hält man es nicht mehr aus und hält Ausschau nach einem Unterschlupf. Haltestellenhäuschen sind selten am bayrischen Donauufer. Ja, ich bin seit Ulm im Freistaat und der

Ulmer Münster: Der höchste Kirchturm der Welt (o. l.)
Ulm: Im Fischerviertel (o.)

gefällt mir zurzeit gar nicht. Wasser von oben, von unten, von der Seite und auch viel Wasser in der Donau, die hier schon brav hinter Dämmen fließt. In einem kleinen Auwald fehlt ein Wegweiser oder ich übersah ihn, egal, jedenfalls finde ich mich plötzlich im tiefsten Dschungel, auf einem Weg, der immer schmäler wird. Ich kämpfe mich durch hohes Gras, Gestrüpp und Schilf, muss schließlich vom Rad, wate vorwärts, stolpere durch schlammige Pfützen, bis ich endlich begreife: Das kann nicht der Weg zum Ziel sein. Retour, kehrt marsch!, milder Nieselregen hüllt mich ein. Bei einer Abzweigung, an der ich vor zwanzig Minuten schon einmal war, nehme ich jetzt die andere der beiden möglichen Varianten und finde, mittlerweile einigermaßen entnervt, doch noch zurück auf den richtigen Kurs. Komisch, jetzt macht mir auch der Regen nichts mehr aus. Vor *Dillingen* wechsle ich auf die Bundesstraße, da kann ich mich wenigstens nicht verirren. Jetzt prasselt zu allem Überfluss noch ein Gewitterregen auf mich nieder. Dass es so schütten kann! Die Tankstelle vor der Stadteinfahrt, ich bin nass bis auf die Haut, ist meine letzte Rettung. Alles trieft, alles fließt, ich bin glitschig und mich friert. Immerhin aber zeigt die Dame vom Tankstellenbuffet Verständnis für einen Verrückten wie mich und stört sich nicht weiter daran, dass sich unter meinem Stehtisch gleich einmal eine größere Wasserlacke bildet.

Hotel Krone
MYTHOS

Neuburg: Mächtiges Renaissanceschloss (l.); Vohburg: Erinnerung an die Ulmer Schachtel an der Kirchenfassade (ganz o.); auf dem Radweg bei Neuburg (o.)

Endlose eineinhalb Stunden verbringe ich damit, Tee und Kaffee zu trinken, ein Baguette mit Schinken und Käse und danach eine Torte zu essen und dafür zu beten, dass der Regen bitte nachlassen möge. Was er nach einer gefühlten Ewigkeit dann auch tut. Als es nur noch nieselt, ziehe ich das Regengewand wieder über und arbeite die letzten 38 Kilometer bis Donauwörth ab, brav auf der Straße beziehungsweise auf dem asphaltierten Weg unmittelbar daneben. Abstecher zum Ufer mache ich jetzt keine mehr. Da muss man durch. Muss man wirklich? Muss man bei Regen fahren? Oder hätte man nicht besser pausieren, sich einen Tag in Ulm einigeln können? Sage jedenfalls bitte niemand, die Reise auf dem deutschen Donauradweg wäre ein Kinderspiel. –

Das Airbus-Helicopters-Werk, das 7.000 Menschen Brot und Arbeit gibt und *Donauwörth* viel Steuereinnahmen bringt, sehe ich beim Vorbeifahren. Wenige Minuten nach meiner Ankunft im kleinen Hotel am Ufer, zuletzt hatte es nur noch genieselt, beginnt es wieder kräftig zu schütten. Den Donauspitz, den Zusammenfluss von Wörnitz und Donau, besuche ich dann im strömenden Regen, nur notdürftig geschützt durch einen in höchster Not erstandenen Regenschirm.

Wachsen und gedeihen

Etappe 5: Donauwörth–Ingolstadt–Vohburg

82 km, 290 hm, 357 km gesamt

www.vohburg.de

Im 19. Jahrhundert sind die DDSG-Schiffe bis herauf nach Donauwörth gedampft, das muss schön gewesen sein. Schön ist es auch ohne Dampfboote, denn es regnet nicht mehr, und der dichte Nebel, der über den Feldern und Wiesen liegt, wird sich – hoffentlich – bald lichten. Ein steiler Anstieg führt hinauf zu *Schloss Leitheim*. Ein paar Kilometer östlich von hier, beim Dorf mit dem schönen Namen *Lechsend*, mündet der Lech; als ich, oben auf der Kuppe angelangt, von der Terrasse des Schlosses auf die Donau-Lech-Niederung blicke, kämpft sich endlich auch die Sonne durch die Wolken. Gerührt von Morgensonnenstimmung und Panoramablick gesellt sich ein anderer Radler zu mir: Lukas aus Lübeck hat seine Reise, die ihn den Lech aufwärts Richtung Süden führen soll, erst heute gestartet. Wir freuen uns über den schönen Morgen, fahren noch ein kurzes Stück des Weges gemeinsam und verabschieden uns von Freund zu Freund. Und weil nach Regentagen wie gestern immer wieder Sonnentage wie heute folgen, treffe ich gleich danach auch noch Martin und Sophia, die zumindest nach Regensburg oder aber vielleicht doch auch, so genau wissen sie es noch nicht, bis hinunter nach Passau wollen. Nach einer langen Passage am Donaudamm und entlang des gestauten „Segelsees", sehe ich sie wieder in *Neuburg*. Wo wir gemeinsam – im Freien! – zu Mittag essen. Das Renaissanceschloss ist eine derartige Pracht, dass ich noch kurz durch die Altstadt cruise, dann aber lenke ich wieder aus der Stadt hinaus. Neuburg, ich muss dich lassen. Ein gewisser Adrian Ritter von Riedl, der einst das „Neuburger Moos" trockenlegte und den „Reiseatlas von Baiern" verfasste, protokolliert den hier einst durchaus regen Schiffsverkehr: *Auf der Donau kommt alle Mondtage Nachmittags von Ulm das Ordinari Schiff nach Neuburg, das von Lauingen aber alle Donnerstage Mittags und fahren, so wie der Floß von Augsburg [auf dem Lech, Anm.] der alle 14 Tage am Mittwoche Mittags kommt, nach Wien. Außerdem fahren oft rückgehende Salz-, Proviant- und Kupferschiffe, auf welchen man gleichfalls reisen und Lieferungen besorgen kann [...] ein aufwärts fahrender Zug von Regensburg nach Ulm geht alle Mondtage hier vorbey.*

Das war an der Wende vom 18. zum 19. Jahrhundert; anno 2023 kommt hier weder ein Ausflugs- noch ein Linienschiff vorbei. Bestenfalls ein paar Fischerboote kreuzen draußen auf dem Wasser, mehr aber auch nicht.

Auf einer kerzengeraden Ausfallstraße hinein in den Auwald, vorbei am alten *Jagdschloss Grünau*, auf Feldwegen und durch Wiesengründe, am Damm, neben ihm und schon ist man in der nächsten ordentlichen Stadt samt Industrieagglomeration, in der „Audi-Town" *Ingolstadt*. Das mächtige Neue Schloss fotografiere ich im Vorbeifahren, fahre aber noch ein Stück weiter ins ruhige, kleine *Vohburg*. Esse in der überfüllten Pizzeria (Achtung! Reservieren!) eine Riesenportion Tagliatelle della Casa und falle beim Rückmarsch ins Hotel beinahe in eine Baugrube. Aber nur beinahe.

Weltenburger Enge, Regensburger Größe

Etappe 6: Vohburg–Regensburg

74 km, 160 hm, 431 km gesamt

Der Radraum des kleinen Hotels ist voll mit dicken Gäulen aller Art und alle außer meinem sind motorisiert. *Jo san Sie des mitm Bio-Beik?!*, fragt mich ein älterer Mann in bayrisch-launigem Tonfall und zu engem und eindeutig zu buntem Radtrikot beim Frühstück. So weit musste es also kommen: dass man als *richtiger* Radfahrer belächelt oder, was auch nicht viel besser ist, als Exot bestaunt wird. Ich komme meinerseits aus dem Staunen nicht heraus, was den totalen Siegeszug des E-Bikes betrifft, aber man muss nicht alles verstehen.

Der Radweg ab Vohburg führt an der Kleinen Donau entlang, läuft zwischen ihr und der Donau, die ich immer wieder in der Entfer-

MAXIMILIAN II.
HAIBIKE

nung glänzen sehe. Sie ist mein Leitstrahl, ich freue mich jederzeit an ihrem Anblick. Ach, Donau! Heute will ich rasch und zügig nach Regensburg kommen, die Stadt, die ich als 16-Jähriger auf meiner ersten großen Radtour besucht und sehr gemocht, aber bis heute, fünfzig Jahre danach!, nicht noch einmal gesehen habe. Getrübt wird die Vorfreude nur durch Knacks- und Klickgeräusche meines Rads. Klackklack. Klickklack. Dazu ruckelt die Kurbel beim Treten ganz leicht. Das darf nicht sein. Ist es das rechte Pedal oder das Tretlager? Es ist Letzteres. Immer ist irgendwas. Noch während ich mir ernsthafte Sorgen mache, kommt rascher als erwartet das 617 gegründete *Kloster Weltenburg* in Sicht, bis heute berühmt für die angeblich „älteste Klosterbrauerei der Welt" und das ebenda gebraute „Barock dunkel". Will man sich von dieser zutiefst bayrischen Pilgerstätte an nicht über einen unbefestigten Waldweg quälen, bleibt einem nur die Schiffspassage durch die *Weltenburger Enge*. Vorbei am Kloster fahre ich rasch zum Anleger, warte keine Viertelstunde und schon kommt es: das Riesenschiff, fast so groß wie ein Ozeandampfer. Gemeinsam mit anderen Schiffen bringt es an sonnigen Wochenenden hunderte, ja tausende Besucher von Kelheim hierher, und die meisten von ihnen strömen ohne langen Umweg direkt in den wahrhaft enormen Biergarten des Stifts (den ich nur beim Vorbeifahren wahrgenommen habe). Leinen los, das Schiff fährt ab. Die Donau kämpft sich durch den fränkischen Jura, sprudelt an senkrecht aufragenden Felsen entlang, wird kurzzeitig auf weniger als siebzig Meter zusammengepresst. Das Schiff fährt ganz knapp am Felsen entlang, *Ahs* und *Ohs* am Oberdeck. Ich leiste mir Kaffee und Kuchen und bedaure sehr, dass der Spaß viel zu bald sein Ende findet. Kaum haben wir abgelegt, ist auch schon wieder Land in Sicht. Oben auf dem Berg thront die „Befreiungshalle" von König Ludwig I., unten am Ufer, bei den Schiffsanlegestellen von *Kelheim*, ist die Hölle los. Wahre Menschenmassen drängen auf die Schiffe, gut, dass ich schon aussteige.

Der Ort selbst liegt zwischen Donau, Altmühl und Rhein-Main-Donau-Kanal; ab hier muss unser geliebter Fluss nun Lasten in Form von Fracht- und Personenschiffen tragen, er wird, nach letzten Sturm-und-Drang-Schüben wie jenem bei Weltenburg, gelassener, ruhiger, souveräner. Die Donau ist fast ein Strom. Aber wann wird aus einem Fluss wirklich ein Strom?

Die letzten vierzig Kilometer bis *Regensburg* fahre ich schnell. Und bereits kurz-kurz, soll heißen: mit kurzen Ärmeln und kurzer Hose. Mein Hotel in der Fröhlichen-Türken-Straße ist klein und fein und rasch mache ich Toilette, um schnell, schnell in die Stadt zu kommen, in mein

www.schifffahrt-kelheim.de

www.donauschifffahrt.eu/regensburg

tourismus.regensburg.de

„Maximilian II." legt an: Ausflugsverkehr in der Weltenburger Enge

Regensburg: Dom St. Peter, Weltkulturerbe (l.); Salzstadl, Stadttor und Steinerne Brücke (ganz o.)
Museumsschiff Ruthof mit Donauschifffahrts-Museum (o.)

heiß ersehntes Regensburg. Die Steinerne Brücke quillt über vor jungen Menschen, das Landes-Sport-Turnfest bringt Bewegung rein. So viele Leute hier! Es dauert einige Zeit, bis ich mich an das Gewimmel und Gebrumme gewöhne, dann aber bin ich ganz da. Altstadt, Porta Praetoria, Dom, Blasmusikkapelle, Gaukler, ein Sidestep auf das Museumsschiff Ruthof/Érsekcsanád mitsamt seinem Donau-Schifffahrtsmuseum, schließlich die historische Wurstküche bei der Steinernen Brücke. Ich bestelle Bratwürste mit Sauerkraut, so wie damals vor fünfzig Jahren auch. Und muss dem Kellner unbedingt erzählen, dass ich meine letzte Bratwurst hier anno 1973 gegessen habe (kann sein, dass es zwei waren, damals hat man's ja noch besser vertragen). Und weil ich nach dem obligaten Bier zu erschöpft für weitere Fußmärsche bin, fahre ich mit dem Taxi ins Kino. „Sissi und ich". Wobei der Film ehrlich gestanden zweitrangig ist. Ich fahre in das ferne Kino am Stadtrand, um mich auszurasten, Ruhe zu finden und um sie zu sehen: Sandra Hüller, meine aktuelle Lieblingsschauspielerin.

Fahren und sonst nichts

Etappe 7: Regensburg–Passau

146 km, 320 hm, 577 km gesamt

Heute steht Fahren auf dem Programm und sonst nichts. Klickklack, klackklick. Das Tretlager knackst und knarzt bei jedem Tritt, und treten muss ich heute fleißig. Gestern noch hatte ich Nik und Daniel angerufen, zwei Radfreunde, und beide haben unabhängig voneinander gemeint, ich soll ruhig weiterfahren, es werde schon nichts passieren. So gesehen geht's mir gut, nur der Gegenwind ist überraschend stark. Warum nimmt man sich ohne Not eine knapp 150 Kilometer lange Tagesfahrt vor? Weil es mich freut, einmal länger zu fahren, weil die Donau hier keine allzu großen Sensationen bietet, weil Straubing und Deggendorf sicher interessant, aber dann doch nicht interessant genug sind, weil ich weiterkommen will und es mich schon sehr nach Passau zieht. *Bossau,* wie meine bayrischen Freunde sagen. Die Reise führt über endlos gerade Dämme, auf kleinen Nebenstraßen, durch die bayrische Donauprovinz, eh nicht schlecht, aber auch nicht irre prickelnd. Fahrn, fahrn, fahrn, fahrn. Schön, so frei zu rollen, ohne den touristisch-journalistischen Zwang, nach jeder Biege wieder fotografieren zu müssen. Bei der Fähre hinüber in die Agnes-Bernauer-Stadt *Straubing* wartet ein Dutzend E-Biker, was ich als passende Gelegenheit nehme, kurz zu stoppen. Ich, im Fahrmodus und gut drauf, weiß aber ganz genau, wie es mir geht, wenn ich nicht regelmäßig zumindest eine Kleinigkeit esse und

trinke: nämlich bald einmal schlecht. Weiter! Ich bleibe am linken Ufer. Fahrn, fahrn, fahrn. Im kleinen *Windorf* bleibe ich regelrecht in einem Feuerwehrfest samt Jahrmarkt stecken, die Zelte und Bänke sind direkt am Radweg aufgebaut. Wo absteigen, wenn nicht hier? Kaffee aus dem Plastikbecher und Strudel am Pappendeckelteller, so schmeckt's am besten. Dass ich beim auch schon fast hundert Jahre alten Kraftwerk Kachlet dann doch nicht über die Staumauer ans rechte Ufer fahren kann, sondern erst über die nahe Straßenbrücke, ist nur ein kurzes retardierendes Element, ebenso, dass ich mich bei der Stadteinfahrt nochmals kräftig verfranse.

Passau. „Venedig des Nordens" wird die Bischofsstadt auch genannt. Der Kosename muss jemandem eingefallen sein, der Passau nur bei Hochwasser gesehen hat. Hochwässer hat es hier freilich wirklich häufig gegeben, die Erinnerungstafeln an den Häusern der Altstadt erzählen Schauerliches. Direkt an der Donau rolle ich vor bis zum *Dreiflüsseeck*, also dorthin, wo der Inn in die Donau mündet. Der kleine Park ist ein beliebter Jugendtreff, ist das Ziel aller Passauer Rund- und Spaziergänge und Schlusspunkt meiner deutschen Donaureise.

tourismus.passau.de

www.donauschifffahrt.eu/dreifluesse-stadtrundfahrt-in-passau

www.deutsche-donau.de/donauradweg

Passau: Dreiflüssestadt, von der Veste Oberhaus aus gesehen (l.)
Blick auf die Veste Oberhaus (ganz o.)
Nixe im Nebel, östlich von Passau (o.)

Nichts wie hinüber: Radfähre Niederalteich, östlich von Deggendorf

Schnell zurück ins Hotel, schnell noch ein Stadtspaziergang und schnell eine Schnelleinführung zur Stadtgeschichte. Muss auch einmal sein! – Die am Stromkilometer 2.226 gelegene 50.000-Einwohner-Stadt ist ein seit mehr als 7.000 Jahren durchgängig besiedelter Platz. Das römische *Kastell Batavis* befand sich am Ort des heutigen Domplatzes, die Donau, sie war ja bekanntlich die Grenze zum fremden, „barbarischen" Norden. In der Zeit des aufkommenden Christentums begann der heilige Severin von hier aus seine Missionstätigkeit, schon ab 739 war die Stadt Bischofssitz. Donauabwärts wurde eifrig christianisiert, den mächtigen „Passauern" sind zahlreiche frühe und auch spätere Klostergründungen zu verdanken. Jedenfalls: In der barocken Altstadt mit den mächtigen Bürgerhäusern mitsamt ihren Blendfassaden, engen Gassen und Uferkais an Inn und Donau muss jeder Donaureisende herumspazieren, Ehrensache! Kreuzfahrtschiffe im Dutzendpack, Ausflugsboote, auch eines, das dem Schauspieler Til Schweiger gehört und natürlich viel schöner als die anderen Schiffe ist. Passau ist Donau. Alles ordnet sich dem Strom unter, und wenn man Glück hat, gibt's am Abend im Café Museum direkt am Donauufer ein feines Jazzkonzert.

Im letzten Licht noch ganz schnell und mit letzter Kraft über die Brücke und hinauf zur Veste Oberhaus. Abenddämmerung. Der

Blick von oben auf die barocke Altstadt, auf Dom und Inn und Donau ist ein touristisches Must und einfach: geil. Darf man ausnahmsweise sagen. Ab hier und nach ihrer Vermählung mit Inn und Ilz ist die Donau nun endgültig erwachsen. Zum Strom gereift. Mal sehen, was da noch kommt, hinunter bis nach Wien und dann weiter bis zum Schwarzen Meer. Und dass da noch einiges kommt, steht ja wohl außer Streit.

Die Schlinge zwischen Bischofs- und Stahlstadt

Etappe 8: Passau–Linz

100 km, 262 hm, 677 km gesamt

Die österreichische Donau beginnt in Deutschland. Die österreichische Donau ist ja für viele Menschen, nicht nur für Österreicher, die *richtige* Donau. Nicht zu klein und auch nicht zu groß, das Filetstück sozusagen, meistens recht gemütlich, fesch sowieso. Und ehrlich, wer es zwischen Passau und Wien nicht *einfach wunderbar* findet, dem wird es kaum sonst wo, weder an deutschen Gestaden noch an rumänischen Ufern, gefallen. –

Noch schnell ein Foto vom Passauer Dom, dann nichts wie los. Über die Luitpoldbrücke aus der Altstadt hinaus und schon ist man am linken Ufer und auf dem Radweg. Der anfangs noch direkt neben der Straße verläuft, aber nach Obernzell seine eigene, autonome, straßenferne Route fährt. Diese nördliche Seite ist die bessere, weil durchgängig Radweg, aber Achtung!, schon im Oktober stellen die beiden Fähren bei Schlögen ihre Dienste gnadenlos ein. Und dann steht man hoffnungslos an, denn auf dieser Seite, der linken, gibt es in der Schlögener Schlinge kein Durchkommen, keinen befahrbaren Weg, ebenso wenig wie in Untermühl/Schloss Neuhaus. Wer also „off season" unterwegs ist, muss zwingend ab Passau am rechten Ufer fahren. Ja, die „tote Saison", sie ist ein Übel. Da kann es nämlich sein, dass auch an diesem, dem rechten und einzig fahrbaren Ufer in der Schlögener Schlinge kein Durchkommen ist. *Radweg gesperrt* hieß es bei einer meiner Fahrten an einem sonnigen Vorfrühlingstag. Einfach zu, und das ganz ohne Vorwarnung. Ich habe vor dem Sperrgitter lange überlegt, was nun zu tun wäre: umkehren?; auf der Bundesstraße über den Berg treten und die Schlinge Schlinge sein lassen? Ich verschob dann doch den Bauzaun um einen halben Meter und schlüpfte durch den Spalt. Und rollte sodann mutterseelenallein unter Felsen- und Waldhängen, stieß im Weiler *Inzell* auf wohlgesonnene Eingeborene, die mir zwar nicht ganz direkt, aber

doch unmissverständlich zu verstehen gaben, dass ich die Weiterfahrt wohl ohne größere Lebensgefahr riskieren könnte, was ich dann auch tat, wobei ich bis auf das Zusammentreffen mit einem mächtigen Holztransporter auch völlig unbehelligt blieb. Nach einsamer Fahrt stieß ich irgendwo vor *Aschach* nochmals auf einen Bauzaun, den zu umgehen freilich auch kein ernsthaftes Problem darstellte.

Jetzt aber rasch zurück ans nördliche Ufer, an die hoffentlich ungestörte Fahrt donauabwärts.

Die [durch Inn und Ilz, Anm.] verstärkte Donau geht nun in der Richtung zwischen Morgen und Mittag fort, und hat an ihren Gestaden, vorzüglich an ihren mitternächtigen, starke waldige Berge, welche bis an das Wasser reichende Ausgänge des böhmischen Waldes sind, schrieb einst Adalbert Stifter über die Donaureise von Passau talwärts. Wobei die *Schlögener Schlinge* der absolute und eindeutige Höhepunkt der „stark waldigen" Passage zwischen Passau und Linz ist. Man nennt sie ein Naturwunder, jedenfalls ist die doppelte 180-Grad-Biege ein Must-see für alle Donaureisenden. Wie gesagt muss man vor dem Weiler *Au* mit der Fähre ans rechte Ufer wechseln. Oder, zweite Möglichkeit, mit einer anderen Fähre, genannt Donaubus, die Schlinge ausfahren und am gleichen, dem linken Ufer wieder an Land gehen und weiterfahren.

Verschlungen sind die Wege an der Schlögener Schlinge, wobei man vom Schlingen-Kurs so direkt am Ufer fahrend übrigens gar nicht so viel mitkriegt. Da müsste man schon den Berg bei Schlögen bzw. zur

Ruine Haichenbach hinaufsteigen, um das Naturwunder in seiner ganzen Imposanz überblicken zu können.

Links wie rechts ist nichts wie Wald- und Wassereinsamkeit, man glaubt es kaum. Während man rechts ungehindert bis Aschach durchfährt, ist links im kleinen Untermühl wie gesagt wieder einmal Ende der Ausbaustrecke. Um weiterzukommen, muss man mit der Fähre hinüber- und mit ihr etwas weiter abwärts wieder zurückfahren, um den Felsen bei Schloss Neuhaus zu umgehen. Alles ganz schön kompliziert hier in der Gegend, aber eben auch schön; und überhaupt ist so eine kleine Bootsfahrt auf den Wellen der Donau immer eine willkommene Abwechslung und ein Perspektivenwechsel.

Ab *Aschach* ist man dann wieder in der Zivilisation. Bis hierher kommen die Linzer Renn-, Spazier- und auch Elektroradlerinnen, weil man hier über die Brücke und insofern an einem Ufer herauf- und am andern wieder hinunterfahren kann. In *Ottensheim* sollte man übers Kraftwerk (oder in der Saison mit der Rollfähre direkt auf Höhe der Stadt) ans Nordufer und damit nach Ottensheim wechseln, weil im Süden nur eine stark befahrene Straße nach Linz hineinführt. Den Konditorei-Gastgarten fast direkt am Ufer muss man aber auf jeden Fall noch besuchen. Dicht an Straße und Mühlkreisbahn, aber praktischerweise immer am Radweg kommt man bis mitten nach *Linz-Urfahr*, genauer bis zur Nibelungenbrücke und damit bis quasi ins Zentrum der Stahlstadt. Eine dritte Möglichkeit für undogmatisch Radreisende, die gern auf ein Schiff umsteigen, ohne sich dafür zu genieren: Ein Donaubus pendelt – in der Saison! – zwischen Ottensheim und Linz-Urfahr. Und das stündlich. Es ist nicht die schlechteste Art, sich der Stahlstadt zu nähern.

Linz. Die Heimat von Stahl und Chemie, von LASK und Blauweiß, von Klangwolke und Linzer Sinfonie ist nach Passau fast zwingend der nächste Etappenort. Ars Electronica Center am Nordufer, Lentos Museum am Südufer und gleich hinter der Brücke der große Hauptplatz. Von hier fährt die Pöstlingbergbahn zurück ans Nordufer und hinauf auf den, richtig, *Pöstlingberg*. Auf den früher auch ein Radrennen führte, an dem der Autor dieses Buches in jungen Jahren teilnahm und den ehrenvollen vorletzten Platz belegte.

Vom südlichen Ende des Hauptplatzes führt die Shopping-Meile *Landstraße* ab. Eigentlich Fußgängerzone, darf man auf ihr aber auch radeln und gelangt nach eineinhalb Kilometern zum Hauptbahnhof. Von dem man dann, weil's so schön war, gleich nochmals zurück nach Passau fahren kann. – Wer doch lieber in Linz bleibt, darf eine kleine Hafenrundfahrt machen. Das Ausflugsschiff liegt gleich unterhalb des Lentos-Kastens, doch Obacht!, Hamburg ist hier nicht. Der Hafen ist vom Schiff aus gesehen kaum als solcher wahrnehmbar. Und die gehypten *murales*,

www.linz tourismus.at

www.ober oesterreich.at/ aktivitaeten/ sommer/ radfahren.html

www.muralharbor.at

www.donau schifffahrt.eu

www.donaubus.at

Beachtlicher Umkehrschwung: Die Schlögener Schlinge (l.)
Durchblick in Passau (ganz o.); Stadt und Burg Grein (o.)

die von Street-Art-Künstlern und -innen auf diverse Hafen-Hochbauten gesprayt und gepinselt wurden, sind vom Schiff aus betrachtet weniger spektakulär als bei einer geführten Walking Tour. Hingegen beeindruckt die Tatsache, dass ausgerechnet in der Industriestadt Linz, und zwar in Hafennähe, ein letzter professioneller Donaufischer seine Beute macht – und angeblich gar keine schlechte. Es wimmele im reinen Donauwasser, sagt Franz Wiesmayr, nur so vor Rotaugen, Blaunasen, Brachsen, Flussbarschen, Zandern, Hechten und Flusskrebsen. Ansonsten? Linzer Auge, Linzer Torte. In Linz beginnt's. In Linz müsste man sein! In Linz!

Anreise nach Passau:
Mit ÖBB Railjet, ICE oder REX, so man hier auf den Donauradweg einsteigen (oder ihn verlassen) möchte.

Auf einen Strudel im Strudengau

Etappe 9: Linz–Grein

60 km, 130 hm, 737 km gesamt

Aus der Stadt rauszukommen ist nirgendwo so einfach wie in Linz. Über die Nibelungenbrücke (über die wir gestern in die Stadt hineingefahren sind) hinüber nach Urfahr, noch vor dem Ende der Brücke geht's über die Zickzack-Radrampe hinunter ans Donauufer. Und schon ist man im Grünen, im Uferpark, am Donauradweg. Immer geradeaus, die Schilder „R 1" sind meist gut sichtbar, dass es sich hier allerdings auch um den Eurovelo-6-Radweg handelt, ist den Oberösterreichern nicht der Rede (und Beschilderung) wert. Egal! Anfangs sind noch viele Linzerinnen und Linzer laufend, skatend, radelnd, spazierend, Hunde ausführend unterwegs. Dazu und dazwischen Fern-Donau-Radler, die meisten auf schweren, an Motorräder erinnernden E-Bikes und alle viel zu warm gekleidet. Anoraks im August!

Die Donau knickt merklich nach Süden ab. Am anderen Ufer baut sich die Stahl-Welt der Voest auf. Aus deren Schloten es aber gar nicht mehr so düster herausqualmt wie noch vor ein paar Jahrzehnten. Die (sommerliche) Fahrt hier ist überaus beschaulich, einmal rollt man direkt am Wasser, dann ein paar Meter landwärts versetzt. Man sieht: Frachtkähne, Auwaldreste, grüne Wiesen. Und ist noch immer mitten in einer Industriestadt. Bald steht wieder einmal eine Nord-Süd-Entscheidung an, wobei hier die Nordroute empfohlen wird, auf der man alsbald in *Mauthausen* eintrifft, wo man einen zweiten Frühstückskaffee samt Apfelstrudel zu sich nehmen kann. Fährt man, so wie hier vorgeschlagen, nur bis Grein, ist es auch möglich, eine Besichtigung der

Souveräne Kapitänin: Donaubus vor Linz

KZ-Gedenkstätte Mauthausen drei Kilometer nordwestlich des Ortes einzuplanen. Dafür sollte man sich dann aber wirklich mehrere Stunden Zeit nehmen, im Schnellverfahren geht das gar nicht.

Ansonsten ist die Strecke bis Grein eine Rolletappe. Beim Ort *Au*, einige Kilometer hinter Mauthausen, gibt's direkt am Radweg eine ÖAMTC-Radservicestation, auch eine Radlerrast, vielleicht mit einem Topfenstrudel? Weiter am Damm, in meinem Fall mit gutem Rückenwind, immer am Damm und noch weiter am Damm. Man bekommt einen ersten Eindruck von Weite, von Breite und auch von der Mächtigkeit des Wassers: Bei *Mitterkirchen* verlässt man den Damm und fährt ein Stück durch das Machland, ein Gebiet, das die Donau mehrfach mit verheerenden Hochwässern heimgesucht hat. In den letzten Jahren wurden mächtige Dämme für rund tausend Häuser aufgeschüttet, allerdings mussten auch über 250 Häuser beziehungsweise deren Bewohner für immer abgesiedelt werden. Teile des Landes wurden damit, positiv formuliert, der Donau zurückgegeben. Ganz nah am Radweg liegt ein keltisches Museumsdorf, man sieht strohgedeckte Wohnhüt-

Grein: Die Strudel sind entschärft (l.)
Grein: Fernradfahrerin am Stadtplatz (ganz o.)
Mauthausen: „St. Niccolo macht Schiffsleut froh" (o.)

ten, einen Pferdewagen und auch einen (nachgebauten) Einbaum. Von diesem Freilichtmuseum aus ist in der Ferne schon der Turm von Burg Clam zu sehen – wer genug Kraft- und Zeitreserven hat, darf den sieben Kilometer langen Abstecher dorthin wagen. Vielleicht ist am Abend ja gerade ein großes Open-Air-Konzert angesetzt, wer weiß? Alle anderen aber fahren bald wieder direkt am Strom und unter der Donaubrücke durch bis in das schöne Donaustädtchen Grein. Das, wenn schon nicht als Etappenort, so doch als „Stopover" ein Must ist.

Wald. Wehrkirchen. Wein. Wachau

Etappe 10: Grein–Krems

85 km, 250 hm, 822 km gesamt

Noch schnell ein Wort zu *Grein*, dem Hauptort des Strudengaus. Nicht des *Strudel*gaus, wie eine Schweizer Radlerin, mit der ich bis hierher ein Stück des Weges gemeinsam fuhr (um dann mit ihr Mittagsrast zu halten), so nett formulierte. Wobei es in der Donau tatsächlich einst viele „Strudel" und dementsprechend gefürchtete Passagen gab. Diese sind nun verschwunden, während Strudel anderer Art, nämlich solche in Mehlspeisform, auch noch heute in großer Zahl und auch im schönen Grein vorzufinden sind. – Der Ort zog einst aus der Gefährlichkeit des Flusslaufs enormen Profit. Hier wurde angelegt, umgeladen, hier mussten Lotsen auf die Boote und Schiffe, hier kehrte man ein, wartete auf besseres Wetter: Der Ort wurde häufig überflutet, er lebte einst mit und vom Wasser und heute vor allem von durchreisenden Radlerinnen und Radlern. Wer immer die Zeit findet: Das süße Rokokotheater mit 165 Sitzplätzen im alten Rathaus direkt am Hauptplatz ist schnell gefunden und schnell besichtigt. Und so klein es auch ist, ist es doch großartig.

Man sollte ab Grein unbedingt ans Südufer wechseln, da man im Norden nur auf und neben einer Bundesstraße fahren kann. Die Fähre fährt häufig von hier nach drüben und schon nach ein paar Kilometern – an den Hängen meist dichter Wald – kommt man auf der Höhe der Donauinsel Wörth an einem properen Badeteich vorbei, alles ganz natürlich. Weitgehend autofrei führt der Weg nun am stillen Ufer bis zum *Kraftwerk Ybbs-Persenbeug*, dessen Staumauer die Strudel des Strudengaus endgültig entschärfte. – Von da an, und wenn man denn über die Kraftwerksbrücke wechselt, kann man gut auf beiden Seiten radeln, ich empfehle jedoch weiterhin die Südroute, weil hier wenig los und der Hochblick zur am anderen Ufer gelegenen *Wallfahrtskirche Maria Taferl* der bessere ist. Friedliches Fahren am Wasser. Vorbei an *Pöchlarn*, ein Ort für all jene, die gern auf Künstlerspuren reisen: Hier befindet sich das Geburtshaus von „OK“ Oskar Kokoschka. Nochmals rund zehn Kilometer weiter schwenkt man den Wegweisern folgend durch die Au und über einen Altarm hinein in die Stadt *Melk*. Es ist der imposantestmögliche Anblick überhaupt, der einen hier überrascht: das Stift! Es gehört den Benediktinern, der Architekt heißt Jakob Prandtauer, fertig gebaut wurde das barocke Gesamtkunstwerk anno 1747. Selfies müssen sein. Wo, wenn nicht hier! „Fotopoints“ und mit ihnen quasi zwingend einhergehende japanische und chinesische und wahrscheinlich auch südkoreanische Kreuzfahrttouristen gibt es gerade genug. Plötzlich sehr viel „traffic“ in der Gegend! Am Hauptplatz im kleinen Ort unter dem Stift gibt's gute Lokale und Konditoreien, da sitzen bei weitem nicht so viele Gäste wie im Ausflugsgasthaus draußen bei den Kreuzfahrtschiffen. In Melk bereitet man sich nun körperlich wie seelisch auf den wohl berühmtesten Abschnitt der Donau überhaupt vor, auf die Passage von Melk bis Krems, genannt: *Wachau*.

Beide Wachau-Varianten – Nord- wie Südufer – haben ihre Berechtigung; die Donaubrücke gleich unterhalb von Melk ist die erste, wenn auch nicht letzte Möglichkeit, ans (linke) Nordufer zu gelangen. Mehr Touristen, mehr Ausflugsbusse und nicht zuletzt mehr Radler fahren im Norden, weil sie auf der „Sonnseite“ mitten durch die berühmtesten der Wachauorte, *Spitz, Weißenkirchen* und *Dürnstein*, kommen. Der Radweg ist hier von Gruppen und Kreuzfahrt-Radlern stark frequen-

Weltkulturerbe Wachau: Weinterrassen bei Weißenkirchen (l.)

Dürnstein, Innenansicht (ganz o.)

Donaubrücke bei Mautern (o.)

Weltkulturerbe Wachau: Wald, Wein und Wasser (o. l.)

Rathausplatz Stein mit Frauenbergkirche und Pfarrkiche (o.)

Benediktinerstift Melk (ganz l.)

Rollfähre Weißenkirchen (l.)

www.wachaubahn.at
www.brandner.at
www.ddsg-blue-danube.at
www.krems.info

tiert, oft eng, für Schnellfahrer ein Gräuel, für Bummler und Genießer aber natürlich wunderbar. Der Süden ist die schnellere, aber paradoxerweise auch die beschaulichere Seite. Auf der Höhe von Spitz und Weißenkirchen kann man mit motorlosen „Rollfähren“ direkt in diese Orte am prominenteren Ufer fahren. Was man denn auch tun sollte.

Rastplätze, Cafés, Heurigenlokale und Restaurants gibt es mittlerweile auch am (rechten) Südufer in ausreichender Zahl, die Ausblicke von hier auf die sonnenbeschienen, steilen Weinterrassen, auf Wehrkirchen, Ruinen und nicht zuletzt auf das pittoreske Städtchen Dürnstein mit seinem blauen Kirchturm und der Ruine Dürnstein hoch über dem Ort sind ebenso malerisch wie die Fahrt im Norden. Wein- und Marillengärten durchfährt man auf beiden Seiten. Wer von der vielbesungenen UNESCO-Welterberegion gar nicht genug kriegen kann *(Wachau, Wachau, du Träumerin, am schönen Donaustrand, hab wohl selten schöneres gekahahannt)* radelt im Süden bis *Mautern,* da über die alte Stahlgitterbrücke ans Nordufer und hier nochmals stromaufwärts bis Spitz, um von dort mit der Donauuferbahn (die in der Saison zwischen Schallemmersdorf und Krems verkehrt) zurück nach Krems zu gelangen. Oder auch mit den Linienschiffen von DDSG und Brandner Schifffahrt, die zwischen Melk und Krems-Stein pendeln.

Wachauer Wein, Wachauer Marille, die fesche Wachauerin, Trachtenhauben, Donauprinzessinnen und auch mancher -prinz, FKK-Donaustrände, Ruinen und als krönender Abschluss die Altstadt von *Stein und Krems,* man tut sich schwer, das alles an einem einzigen Tag zu verarbeiten. Und beschließt spontan, nächstes Jahr nochmals hierherzukommen, dann aber für länger.

Direttissima in die Donaumetropole

Etappe 11: Krems–Wien

80 km, 200 hm, 902 km gesamt

Eine touristische Empfehlung gleich nach dem Frühstück: Mit dem Rad auf hartem Kopfsteinpflaster durch die *Steiner Landstraße* fahren. Die erstreckt sich zwischen dem Kremser Tor unmittelbar bei der mächtig-futuristischen Landesgalerie bis zum Linzer Tor ganz am westlichsten Ende der Doppelstadt Stein-Krems. Zwischendurch über die Frauenbergstiege zur Frauenbergkirche hoch über der Altstadt steigen (ohne Rad!) und von dort oben auf die Donau, die Wachau und das Benediktinerstift Göttweig im Süden schauen. Dieser Sidestep geht sich auch für all jene aus, die am selben Tag noch unbedingt bis nach Wien müssen.

Breite Au, klares Wasser: Die Donau vor Wien (ganz o.)
Monumentales Portal: Strandbad Kritzendorf (o.)

SEITENSTETTENHOF
CHINESE COURT

Die Radwege von Krems nach Wien sind auf beiden Ufern gut ausgebaut. Das Donautal weitet sich, man fährt bis kurz vor Wien durch das brettlebene Tullner Becken. Die Radroute führt aus der Stadt Krems am Kremsfluss entlang, vorbei am großen Containerhafen, dann über ein kurzes Stück durch die Au und wieder direkt an die Donau. Über die Traismaurer „St. Georgs"-Donaubrücke oder etwas später über das *Kraftwerk Altenwörth* kommt man dann auf die Südseite. Über die renaturierte Traisenmündung gelangt man immer auf dem Radweg direkt zum *AKW Zwentendorf*, das, jeder gelernte Österreicher weiß es, aufgrund einer Volksabstimmung niemals in Betrieb ging und heute eine Art AKW-Museum ist. Die Imbissstube im Almhütten-Style direkt unter dem AKW-Turm ist gut besucht. *Tulln* macht als „Gartenstadt" ganz auf grün und hat auch eine hübsche Donaupromenade. Immer weiter am Damm verengt sich das Donautal nun wieder; von rechts schiebt sich der Wienerwald bis direkt ans Wasser. Durch eine suburbane Ausflugs-, Au- und Uferlandschaft mit vielen auf Stelzen errichteten, kleinen und größeren Freizeitwohnhäusern kommt man, vorbei am Kraftwerk *Greifenstein*, ins kleine *Kritzendorf*. Wo man einen kurzen Abstecher riskieren und zum *Strombad Kritzendorf* ausschwenken kann – ein seit hundert Jahren beliebter Badestrand an der hier noch frei fließenden Donau.

Ein paar Kilometer noch und schon ist man in *Klosterneuburg* mit seinem berühmten Augustiner-Chorherrenstift. Spätestens von Greifenstein an sind viele Renn- und Freizeitradler auf dem Radweg unterwegs, die Nähe der Millionenstadt wird mit jedem Kilometer deutlicher spürbar. Bei *Nussdorf*, schon auf Wiener Stadtgebiet, liegen etliche Kreuzfahrtschiffe vor Anker, Reisebusse karren täglich hunderte Passagiere ins Stadtzentrum. Dermaßen nie allein stößt man am Donau- und danach am Donaukanal-Radweg mitten ins Herz der Donaumetropole vor. *Wien, Wien, nur du allein!* Besagter Donaukanal, einst ein Donauarm, hat sich im Zentrum der Stadt zur Freizeit- und Beislzone gemausert, mit der Folge, dass an dessen Ufer und damit auf dem Radweg immer viel los ist. Achtung, vorsichtig fahren! Spätestens am *Schwedenplatz* gelangt man vom tief gelegenen Ufer wieder auf Straßenniveau hinauf, um endlich eine *richtige* Wiener Melange zu sich zu nehmen.

Mit dem Rad nur fünf Minuten vom Schwedenplatz entfernt befindet sich der schöne Stadtpark und in ihm das meistfotografierte Denkmal Wiens, nämlich die Bronzestatue von Johann Strauss, dem Komponisten des legendären Walzers „An der schönen blauen Donau". Ein paar Schritte davon entfernt steht, schon deutlich weniger beachtet,

Stadtpanorama: Über den Dächern von Wien

www.twin cityliner.com

www.ddsg-blue-danube.at

www.donau-oesterreich.at

www.wien.info/de/lebenswertes-wien/wasser-in-wien/wien-per-schiff-und-boot

der *Donauweibchenbrunnen* – zur Erinnerung an eine menschenfreundliche Donaunixe, eine Altwiener Legendengestalt.

Zurück zum Schwedenplatz. Hier gibt es nicht nur das beste Eis von Wien, sondern auch ein futuristisches Gebäude in schiffsähnlicher Gestalt, das oben ein gesuchtes Lokal und unten am Wasser die Abfahrtsstelle des „Twin City Liner"-Schiffs nach Bratislava beherbergt. Diverse Donau-Rundfahrten starten vom Schwedenplatz aus und auch ein kleines Boot legt ab, das in den östlich der Stadt gelegenen *Nationalpark Donau-Auen* fährt. Voranmeldung ist notwendig.

Es ist jetzt so, dass manche unbedarfte Wien-Besucher aus fernen Kontinenten den *Donaukanal* mit der *richtigen Donau* verwechseln und ob ihrer, also des Donaukanals Schmalheit dann doch ein bisschen enttäuscht sind. Zur richtigen Donau gelangt man vom Schwedenplatz ganz einfach, indem man zuerst die Schwedenbrücke und danach den zweiten Bezirk, die Leopoldstadt, durchquert. Am Verkehrsknoten Praterstern befindet sich auch die Einfahrt zum grünen Prater, einem respektablen Rest der ehemals breiten Donauauen. Weiter durch die Lasallestraße kommt man rasch zum Mexikoplatz. Hinter einer breiten Uferstraße, dem Handelskai, versteckt sich der Wiener Personenhafen, die Anlegestelle vieler Kreuzfahrt- und Ausflugsschiffe. Vom Mexikoplatz gelangt man über die Reichsbrücke ans Nordufer der Donau, überquert aber vorher noch die *Donauinsel,* ein dreißig Kilometer langer, meist künstlich aufgeschütteter, heute zum Radler- und Freizeitparadies verwandelter Teil der in den Siebzigerjahren fertiggestellten großen Donauregulierung. Das alljährliche *Donauinselfest* zu Schulschluss zieht Jahr für Jahr hunderttausende Besucher an. Zwischen Donauinsel und Nord-Ost-Ufer fließt die *Neue Donau,* ein „Entlastungsgerinne" mit vielen Badeplätzen. Dass der angrenzende, riesige 22. Wiener Gemeindebezirk „Donaustadt" heißt, ist da nur folgerichtig.

Fährt man nach der Reichsbrücke geradeaus weiter, passiert man die mächtigen *DC-Towers* der *Donau City* sowie die *UNO-City* und erreicht bald die *Alte Donau,* einen großen, abgetrennten Altarm des Stromes, mit Strandbädern, Strandlokalen und Bootsverleihen.

Wer nicht in Wien bleiben möchte, fährt von besagtem Mexikoplatz direkt am rechten Donauufer auf dem Radweg stromabwärts. Passiert die Marina, diverse Museumsschiffe, die Friedenspagode und einige Ausflugslokale. Über das *Kraftwerk Freudenau* bzw. die *Waluliso-brücke* fährt man dann ans Nordufer, wo man auf den Radweg Richtung Bratislava stößt.

Donau, Donauinsel, Neue Donau: Wien (ganz o.)
Donau meets City: Ausflugsschiff auf dem Donaukanal (o.)

Wenn einer eine Reise plant

Wenn einer eine Reise tut, soll er sie gut vorbereiten. Die deutschen und österreichischen Donaureisen waren Aufwärmtrainings im Vergleich zu dem, was jetzt kommt. In drei Wochen soll es Richtung Schwarzes Meer gehen und noch immer ist vieles unklar. Immerhin, das Rad funktioniert. Es ist, soweit man das bei einem zehn Jahre alten Gaul sagen kann, technisch fast auf dem letzten Stand. Nur der Mechaniker wackelt besorgt mit dem Kopf, als er über die „schon sehr straff gezogenen" Speichen redet. Die Zweiunddreißiger-Kassette, die Zahnrädergruppe am Hinterrad, ist nach einem Monat Warterei doch noch rechtzeitig eingetroffen. Damit sollte ich nun wirklich über jeden Berg kommen. Die Schaltung hat mir Karl, der Radhändler, höchstpersönlich eingestellt, zum Dank habe ich ihm drei Reserveschläuche abgekauft. Die reichen für eine halbe Weltumrundung, wenn nicht sogar für eine ganze. Ein starkes Rücklicht habe ich montiert, neue Kombi-Pedale angeschraubt. Die Montage vom Kotschützer wird zum Mikrodrama, die kleinen Schrauben fallen ständig auf den Boden und verlaufen sich. Zum ganzen Glück fehlt nur noch eine Glocke, beim Karl gibt es sogar eine goldene. Weil die mitgelieferten Glockenschrauben für meine dicke Lenkachse zu kurz sind, dauert es allerdings nicht fünf Minuten, sondern gefühlt fünf Stunden, bis ich passende gesucht, gefunden, gekauft und die Glocke angeschraubt habe. Kling. Kling. Klingt schön.

Ich fahre, das sage ich mir immer wieder, weder in achtzig Tagen um die Welt, noch im Winter quer durch Sibirien. Mein Vorhaben, von Wien ans Schwarze Meer zu radeln, ist überschaubar, aber immerhin: ein Vorhaben. *Wie bist du denn auf diiiiiiiieeeee Idee gekommen?*, fragt eine Freundin entgeistert, von der ich bislang angenommen hatte, sie würde großes Verständnis für meine Reisepläne zeigen.

Ja, wie eigentlich? Und wieso? Das frage ich mich mittlerweile auch immer wieder. Warum nicht von Villach nach Grado, so wie tausende andere Radler und Radlerinnen das Jahr für Jahr machen und nachher glücklich und stolz auf ihre Leistung sind. Muss ich mir das mit meinen 65 Jahren noch antun? Brauche ich das wirklich? Was muss ich mir noch beweisen? Das ich es kann? Was kann? Warum die Balkanroute, warum Osteuropa? Vielleicht deshalb: weil es manchmal auch ganz gut ist, nicht den Weg des geringsten, sondern jenen des größeren Widerstands einzuschlagen.

Wenn das Fernweh zuschlägt: Sehnsucht nach Sulina

Im Internet und auch in einschlägigen Radreiseführern wird vieles erzählt. Die Autofahrer am Balkan ..., man weiß ja. Die Stadtausfahrt Budapest, ein Wagnis, das man nur einmal in Leben eingeht. Die Passage durch Belgrad, die man, so nicht lebensmüde, besser mit dem Vorortezug absolviert. Die 23 unbeleuchteten Tunnels am Eisernen Tor, ein Horrortrip. Rasende Busse und dröhnende Lkw. Serbien, Bulgarien und Rumänien, überall Kamikazeverdacht. Ein Wahnsinn, denke ich mir immer wieder, sag das Projekt doch ab, bevor es zu spät ist! Fahre mit Frau und Tochter den Ybbstalradweg! Ein Donau-Touren-Ratgeber empfiehlt, in den Schluchten des Balkans *sehr selbstbewusst* in die Pedale zu treten. Was soll das heißen? Andererseits: Wenn man vierzig Jahre Wiener Radverkehr überlebt hat, kommt man wohl auch lebend durch Belgrad. Man lebt sowieso nur einmal. Die Idee, aus gegebenem Anlass mein Testament zu verfassen, verwerfe ich wieder, lege aber eine Mappe mit Codes, Passwörtern, Geheimnummern und anderen Intimitäten an. Sie trägt den Titel „Wenn ich nicht mehr ansprechbar sein sollte – für den Fall des Falles“. Beim ÖAMTC erkundige ich mich, ob ich auch als schwerverletzter Radfahrer heimgeholt werden würde, mitsamt Rad. Ja, ich werde. Würde.

Den Winter über bin ich häufig auf dem Rad gesessen, nicht nur am Ergometer, sondern auch outdoor. Ich bin körperlich soweit gerüstet, hingegen nicht gefeit vor Unfällen aller Art. Nick Thorpe beschreibt in seinem Buch „Die Donau. Eine Reise gegen den Strom“ eine Fahrt die Donau aufwärts und kommt, wie er ausführlich schildert, kurz vor Budapest einem Auto in die Quere. Was einen gebrochenen Wirbel, einen längeren Krankenausaufenthalt und ein frühzeitiges Ende seiner Abenteuerreise zur Folge hatte. Carmen Rohrbach, eine andere Donau-Radfahrerin, erzählt in ihrem Buch „Am blauen Fluss“ anschaulich, wie ein Radlerkollege in einem Eisernen-Tor-Tunnel von einem Bus an die Felswand gedrückt wird. Er konnte, schreibt sie, mit *blutigen Blessuren* seine Reise fortsetzen. Naja. Ich beklebe Kotschützer und Helm mit reflektierenden Streifen. Mein Scheinwerfer ist hinreichend getestet. Besorge mir im Internet einen Reflektorgurt. Mehr kann man für sein Überleben fast nicht tun.

Auch Silke und Franz belästige ich mit meinen Zweifeln. Mit den beiden habe ich vereinbart, bis Budapest gemeinsam zu fahren. Grundsätzlich ist das mit Reisepartnern ja so eine Sache. Man muss jemanden schon recht gut kennen, um mit ihm (oder ihr) eine Zeit lang Zimmer und Hinterrad zu teilen. Dazu gilt es noch hundert Entscheidungen pro Tag gemeinsam zu treffen: den Weg oder doch die Straße, die Würstelbude

Vorbereitung muss sein: Kartenmaterial liegt vor

oder das Gasthaus, links oder rechts oder geradeaus. Manche Diskussionen münden schon bei deutlich kleineren Unternehmungen in ernsthafte Konflikte. Und manch guter Freund ist dann doch nicht so belastbar, wie man angenommen hatte. Bei unseren Treffen versicherten wir uns jedenfalls wechselseitig, eh ganz langsam, gemütlich und vorsichtig fahren zu wollen. Wir waren, um es gleich vorwegzusagen, ein perfektes Dreierteam. Aber wer kann das schon im Vorhinein wissen?

Immer wieder fragte ich mich, ob es denn gescheit ist, vorab allen möglichen Bekannten und Verwandten von dem Projekt zu erzählen. Vor- und Nachteile einer offensiven Ankündigungspolitik halten sich die Waage. Einerseits ist der Druck, den man sich selber dadurch macht, durchaus sinnvoll. Man streicht dann schon der Ehre halber nicht sang- und klanglos vier Tage vor der Abfahrt die Segel. Andererseits wird dieser Druck für weniger robuste Geister wie mich bald einmal zu Stress. So kommen sie denn immer wieder, die Zweifel. Der Spruch „Die wahren Abenteuer sind im Kopf" erscheint mir phasenweise ziemlich plausibel.

Andererseits: Abenteuer sind kleine Fluchten aus dem Alltag, und wer bräuchte die nicht beizeiten? *Wir brauchen immer neue Herausforderungen und die damit einhergehenden kontrollierbare Stressreaktionen, um uns immer besser an die vielfältigen Erfordernisse unserer Lebenswelt anpas-*

DANUBE
A RIVER JOURNEY
FRANZ GRILLPARZER
Tagebuch auf der Reise nach Konstantinopel und Griechenland
Residenz Verlag
Michael W. Weithmann
Die Donau
Geschichte eines europäischen Flusses
böhlau
Verlag Friedrich Pustet
Donau
Dunaj
Duna
Dunav
Дунав
Dunărea
Danube
Sofa Journeys
Josef Trattner
DER FLUSS
Eine Donau-Anthologie der anderen Art
Wien
Sofia
Odessa
Jalta
Istanbul
nau, Schwarzes Meer
Jean Bart
EUROPOLIS
Roman
Claudio Magris
DONAU
Biographie eines Flusses
Hanser
Österreichs
Donau
Landschaft – Fisch – Geschichte
Donaufahrt

sen zu können, schreibt der Hirnforscher Gerald Hüther in seinem Buch „Biologie der Angst", denn *wie sonst könnte es uns gelingen, aus den bisherigen Bahnen unseres Denkens, Fühlens und Handelns auszubrechen und nach neuen, geeigneteren Wegen zu suchen?*

Nach der letzten gemeinsamen Rennradausfahrt mit meiner Oldboys-Truppe zahle ich die Runde im Schanigarten. Die Burschen sollen mich in guter Erinnerung behalten, wenn ich nicht mehr heimkomme. Meine aktuell größte Sorge sind mittlerweile die verwilderten Hunde. Vor ihnen wird im Internet besonders eindringlich gewarnt. Spätestens in Rumänien, so lese ich, würde ich auf sie stoßen. Ja, die Hunde. Ein Freund rät zur Verwendung von Pfefferspray, ein anderer leiht mir seine Hundehupe. Ich mag keine Hunde, das weiß ich jetzt schon.

Nächste Unsicherheit: Wie viel Ballast soll ich aufladen? Meine roten Packtaschen füllen sich schnell. 16 Kilo! Das geht gar nicht. Die feschen Leinenschuhe weichen billigen Leichtsandalen. An ein Zelt habe ich sowieso nie gedacht: Ich bin ein Warmduscher. Und immer wieder neue Unklarheiten. *Welche Medikamente nimmst du mit?,* fragt eine besorgte Freundin. Gute Frage, hatte ich noch gar nicht überlegt. Der Druck in der Nebenhöhle ist zwei Wochen vor der Abfahrt jedenfalls immer noch deutlich spürbar. Ich behandle mit Thermophor und Infrarotlampe, ich sprühe und öle und schmiere.

Wenn ich jetzt jemandem von meinem Vorhaben erzähle, dann meist mit dem Zusatz, dass ich echt nicht weiß, ob es sich um ein gutes Projekt handelt. Neben den bekannten Schwierigkeiten (serbische Tunnels, bulgarische Autofahrer, rumänische Hunde) erwähne ich noch mögliche „Durststrecken" an der unteren Donau und die ungelöste Frage der Ideallinie, sprich der Navigation. Ich sitze über den Donaureiseführern, exzerpiere, rechne Entfernungen aus, blättere im Internet, lese Karten, weiß nicht, welche der vorgeschlagenen Varianten ich fahren soll. Linkes Ufer? Rechtes Ufer? Ich entwerfe einen provisorischen Zeit- und Etappenplan und merke: Es wird ernst. Mein Zeitfenster für die Donaufahrt ist nicht riesig groß. Ich muss am 22. Juni im Donaudelta sein, weil dort das Donaukreuzfahrtschiff MS Nestroy auf mich wartet, beziehungsweise sicher nicht auf mich wartet, wenn ich nicht rechtzeitig am Pier bin. Für die Heimfahrt mit der Bahn hätte ich das Rad zerlegen und verpacken und daneben noch Satteltaschen, Lenkertasche und sonstiges Zeugs tragen und verladen müssen. Das wäre schon irgendwie gegangen, ich wollte es mir aber einfach nicht antun.

Vorbereitung muss sein: Basislektüre

Keine Angst vor Serbien: Begegnung auf der Fähre bei Ram (ganz o.)

Und das Schiff fährt doch: Heimfahrt donauaufwärts (o.)

Was ist, wenn weitab jeder Zivilisation der Rahmen bricht, die Kette reißt, die Felge knickt? Was ist, wenn mir der Knöchel schwillt oder der Sonnenstich eine Weiterfahrt verunmöglicht? Auch diese Internetnotiz macht mir Angst: dass die Verpflegungspunkte an der unteren Donau spärlich gesät sind. Was werde ich wann essen. Wo was kriegen. Angst habe ich vor üppigen, fetten und fleischlastigen Abendessen und gleichzeitig davor, irgendwo in der Pampa zu verhungern. Davor, in der Hitze der Dobrudscha zu verdursten. Und natürlich davor, dass mir mein Rad gestohlen wird. Wieviel Ängste kann ein Mensch eigentlich haben? Und wieviel Sorgen macht man sich umsonst? Wie kriege ich im Fall des Falles genügend Luft in den Schlauch? Schnell kaufe ich noch eine gute, kleine Pumpe. Doch manche Fragen bleiben offen. Müssen es auch.

Andere Leute meines Alters finden ihr ultimatives Vergnügen am Rasentraktor, pflanzen Paradeiser und/oder Bäume. Ich aber muss unbedingt mit einem Tretrad durch Osteuropa fahren, wo ich mich doch in Wahrheit nach Stille, Ruhe und Frieden sehne. Und nicht nach Aufregung, Abenteuer, „Äktschn". Welchen Sinn hat solch ein Vorhaben? Vor zehn Jahren bin ich mit meiner damals 13-jährigen Tochter von Wien nach Istrien, im Jahr darauf nach Berlin geradelt: Das hat Sinn gemacht. Das waren Vater-Tochter-Beziehungstests, Erlebnisse, die man niemals vergisst. Helene hatte darum gebettelt, diese Touren fahren zu dürfen, weil sie nach der Kroatienreise mit dem Auto unbedingt wissen wollte, *wie weit es wirklich ist,* von hier nach da. Dieser Satz fällt mir in der Vorbereitungsphase wieder ein, ich zitiere ihn gern und sage allen, die wissen wollen, warum ich mir das antue, dass ich ja nur wissen will, wie weit es *wirklich* ist, von Wien bis zum Schwarzen Meer.

Drei Tage vor der Abfahrt. Ich bin flattrig wie nie. Schaff ich das überhaupt, zwanzigmal hundert Kilometer. Soll ich bei Regen fahren. Was ist, wenn's ständig schüttet. Noch zwei Tage. Der Countdown läuft. Nochmals putze und schmiere ich Kette, Schaltwerk und Seilzüge. Meine Frau fährt in die Schweiz zu einem Seminar. Pass auf dich auf, sagt sie. Werde ich machen! 13 Kilo Gepäck, dazu das Rad und Wasserballast. Das Schiff ist klar, mir ist nach wie vor einiges unklar. Um in Stimmung zu kommen, blättere ich in einem Reiseführer für Donau-Kreuzfahrer. *Zwischen Silistra und Cernavodă, das am östlichen, größeren Arm liegt, sind nur vereinzelt Anzeichen der Zivilisation auszumachen,* steht da schwarz auf weiß geschrieben. Naja. In welche Wildnis werde ich da geraten. Alle Viertelstunden schaue ich auf die Wetterapp. Der Wind, das ist die gute Nachricht, wird morgen von hinten kommen. Allerdings, und das ist die weniger erfreuliche Botschaft, soll es neben dem Wind auch Regen geben.

Keine Fahrt ins Blaue: Fähre am Donaustausee bei Ram

Fast wie am Meer: Donaustrand in Novi Sad

Die Donau per Rad: Von der Stadt des Donauwalzers in den fernen Osten

Heimspiel

Etappe 12: Wien–Bratislava

80 km,
100 hm

Halb sechs Uhr früh, ich schaue zum Fenster hinaus, und da trifft mich fast der Schlag: Es schüttet wie aus Schaffeln. Wenn es weiter so gießt, bin ich schon nass bis auf die Haut, bevor ich überhaupt richtig losfahre. Kaffee, Mohnweckerl, Butter und Honig, das ist meine Henkersmahlzeit. Um sechs Uhr wird es heller, der Regen wird leiser und hört schließlich genauso schnell auf, wie er angefangen hat. Handy, Geld, Pass. Jetzt nur nichts vergessen. Das Tor zusperren, Schlüssel verstauen. Aufs Rad und zum Bahnhof. Es regnet nicht mehr.

Als ich im Zug nach Wien sitze, geht der nächste Platzregen nieder, das Tullnerfeld ist grauschwarz verhangen. In Wien sind die Straßen dann wieder trocken. Läuferinnen und Läufer laufen, Radlerinnen und Radler radeln, der Donaukanal ist belebt, so wie an jedem anderen Tag auch. Ganz langsam rolle ich mich ein, langsam beruhigen sich auch meine flatternden Nerven.

Halb neun Uhr früh. Ich stehe in der Halle beim Haupteingang des Hauptbahnhofs und warte auf Silke und Franz, die mich ein Stück des Weges, nämlich bis Budapest, begleiten wollen. Ich friere trotz langer Hose, langärmligem Trikot, trotz Pulli und Regenjacke. Und fühle mich ziemlich allein.

Der Zeiger der Bahnhofsuhr an der Glasfront rückt beständig vorwärts. Auf mein SMS *(Warte in der Halle beim Haupteingang)* habe ich bislang keine Antwort bekommen. Dreiviertel neun. Niemand in Sicht, Franz hat das Telefon abgeschaltet und von meiner Tochter, die sich hier von mir verabschieden wollte, fehlt jede Spur. Fünf vor neun. Silke und Franz tauchen auf. Ihr Zug hatte Verspätung, sie fanden keinen Platz fürs Rad, es gab Gedränge und Streit, aber jetzt ist alles gut und sie sind da. Schnell machen wir Start-Selfies, schnell isst noch jeder eine Wurstsemmel. Und los geht's. Die Tochter ist nicht aufgetaucht, Zeit dafür, enttäuscht zu sein, habe ich nicht. Am nächsten Tag wird sie eine Sprachnachricht schicken: *Hallo Pa, tut mir urleid, aber ich hab' gestern früh Ur-Stress gehabt.* Alles gut, Tochter, melde dich wieder einmal, wir sehen uns in sieben Wochen.

Der Tagesbefehl lautet: Langsam und gesittet, vorsichtig und nochmals vorsichtig. Vorbei an der Karlskirche, über den Ring zur Urania, die Praterstraße hinüber zum Praterstern und durch die Hauptallee bis zur Praterbrücke. Da ist sie, die Donau. Und über die Donauinsel geht's gleich direkt weiter ans Nordufer.

Exakt 1925,8 Kilometer sind es am Wasser von hier bis zum Stromkilometer Null in Sulina, der Stadt an der Mündung und mein ulti-

matives Ziel; auf der Straße ist die Strecke naturgemäß länger. Ich werde die Donau nun runde drei Wochen lang verfolgen, bewundern, befahren, überqueren, mich ans sie annähern und von ihr entfernen. Schon sind wir unter der Ostbahnbrücke durch, es ist trocken und der Wind kommt wie versprochen von hinten. Zeitweise sind schon blaue Himmelsstücke zu sehen. Es wird ein guter Tag! Nach einer knappen Stunde sind wir auf Höhe der Panozzalacke, biegen links ab, fahren vorbei an den Riesentanks des Öllagers Lobau. Der äußerste Ostrand der Stadt ist erreicht. Kette surrt, Räder laufen, Gepäck hält. Signale auf Grün. Weg frei, Stimmung aufgeräumt. Goodbye Vienna.

27, 28 Stundenkilometer zeigt der Tacho. Silke gibt Gas. So wie die Profis wechseln wir uns bei der Führungsarbeit ab. Die ersten dreißig Kilometer auf oder neben dem Hubertusdamm, das Terrain ist wohlbekannt, sind bald abgespult. Nur kurz geht's hinaus aufs freie Feld, dann schon wieder zurück in die kerzengerade, bis *Stopfenreuth* führende Auschneise. Die ältere Generation erinnert sich an den Namen dieses Dorfes: Hier hatten die Besetzer und Besetzerinnen der Hainburger Au im Dezember 1984 ihr Basislager. Dass der Kampf gegen den Bau des Donaukraftwerks Hainburg von den Au- und Umweltschützern gewonnen wurde, ist noch heute Anlass für Freude. Apropos Donaustrom: den sieht man von der Wiener Lobau bis hierher genau null Sekunden lang.

Reisepartnerin für vier Tage: Auf der Marchbrücke vor Devínska Nová Ves (l.)

Bratislava: Altstadt mit Michaelertor (ganz o.)

Abfahrt Hauptbahnhof Wien:
Das Startschuss-Selfie muss ein (o.)

www.visit
bratislava.com

www.twincity
liner.com

www.bluedanube.sk

Den Abstecher von Stopfenreuth zum Donaublick auf der „Auterrasse" lassen wir aus. Weil wir die Donau sowohl heute als auch an den nächsten Tagen eh noch oft genug sehen werden.

Von Stopfenreuth führen zwei Wege in die slowakische Hauptstadt. Die klassische Route läuft über die Donaubrücke ans rechte Ufer nach *Bad Deutsch-Altenburg,* dann weiter über *Hainburg,* hinter dem Braunsberg vorbei und auf einem Zickzackkurs nach *Wolfsthal,* von da weiter bis zur Grenze, von der man wiederum über die Donau und mitten hinein nach Bratislava fährt. Die zweite und unsere aktuelle Variante führt hinter Stopfenreuth nach Norden, Richtung *Schloss Hof.* Es ist ein erstes Highlight, dieses barocke Landschloss des Prinzen Eugen, das da so mächtig über der Marchebene thront. Von da geht's auf kurzem Weg zur Fahrradbrücke über die March, hinüber nach *Devínska Nová Ves.* Nach einer Internetabstimmung sollte sie „Chuck-Norris-Brücke" getauft werden. Der Name des Action-Schauspielers („Die Todeskralle schlägt wieder zu") für ein friedliches Bauwerk, das fanden Politiker beider Ufer dann doch nicht so gut, übertönten die Stimme des Volkes und nannten das Bauwerk „Fahrradbrücke der Freiheit", auf Slowakisch *cyclomost slobodny.* Als solche erfreut sie nun Fußgänger und Radfahrerinnen beider Länder, und dass sie auf Google Maps zehn Jahre nach der Eröffnung noch immer als „cyclomost Chuck Norris" auftaucht, kann die Freude der March- und Grenzüberquerung nicht im Geringsten trüben.

Kaffeepause, die erste! Die Sonne blinzelt schon für mehrere Minuten hinter den Wolken hervor. Das Leben ist schön und Bratislava in Griffweite. Immer brav auf dem Radweg fahren wir nach *Devín,* deutsch: *Theben,* hinaus zur Mündung der March in die Donau. Hoch auf dem Thebener Felsen sieht man die Reste der alten Burg, ein strategisch bedeutsamer Platz, an dem schon in der Jungsteinzeit Menschen siedelten. Nochmals eine Etage darüber schwingt sich der Thebener Kogel bis auf über 500 Meter Seehöhe empor. Der Braunsberg am anderen, südlichen Donauufer schafft dagegen nur lächerliche 364 Meter. Ins Auge springt hier an diesem Ort ein überdimensionierter Türstock mit tiefen Einschusslöchern: ein monumentales Denkmal für all jene, die in der Zeit des Eisernen Vorhangs bei der versuchten Flucht aus der ČSSR ihr Leben gelassen haben. – Hinein nach *Bratislava* geht's auf einem holprigen Radweg, dann, weil gar zu viele Wurzeln den Belag aufgerissen haben, auf der Straße. Man fährt einen Altarm entlang, im Zickzack durch Schrebergärten und steht dann ziemlich unvermittelt auf der Donaupromenade von Bratislava. Das Navi führt uns zu unserem Hotel, einem ehemaligen Kloster. Keine fünf Minuten nachdem wir die Packtaschen aufs Zimmer getragen haben, beginnt es draußen zu schütten, genau so heftig wie in der Früh. Was uns freilich nicht stört. Wir spazieren, die Schirme haben wir

Theben/Devín, Marchmündung: Denkmal für die Fluchtopfer (ganz o.)
Bratislava: Stadtausfahrt über die Most SNP (o.)

geliehen, durch die Altstadt, kommen eher zufällig an der blauen Jugendstilkirche „Zur Heiligen Elisabeth“ vorbei, essen im Wirtshaus Halušky mit Brimsen. Nieselregen vermiest uns den finalen Belohnungsdrink auf der Donauterrasse, dennoch: Die Ouvertüre hätte kaum besser laufen können. Es war eine Fahrt auf bekanntem Terrain, ein Heimspiel. Und wir drei spielen gut zusammen. Morgen wird ein guter Tag.

Pörkölt mit kleinen Nockerln

Etappe 13: Bratislava (Slowakei)–Győr (Ungarn),

81 km, 62 hm, 161 km gesamt

Prešporok, Bratislava, Preßburg, Pozsony. 1993 trennte sich die Slowakei von Tschechien, seit damals ist die „litte big city“ mit ihren 450.000 Einwohnern slowakische Hauptstadt.

Ende des 19. Jahrhunderts sprachen rund sechzig Prozent der Bewohner Deutsch. Zwanzig Prozent Ungarn und 17 Prozent Slowaken lebten damals hier, nach zwei Weltkriegen und dem „realen Sozialismus“ ist alles anders. Nur knapp 3,5 Prozent Ungarn und 1,3 Prozent Tschechen gibt es noch in Bratislava, Deutsch sprechen nur mehr ein paar hundert Menschen.

Das Stadtzentrum grenzt direkt an das Donauufer, was uns Donaureisenden gut gefällt, aber auch nicht wirklich hilft. Denn kaum sind wir aufs Rad gestiegen, haben wir uns auch schon verfahren. So schnell geht das! Bis wir komplizierten Einbahnen folgend die *Brücke des Slowakischen Volksaufstands* gefunden haben, liegen die Nerven blank, aber dann geht's doch noch über die Nový most mit dem spacigen „Ufo“ ganz oben am Mittelpfeiler nach drüben. Volle Konzentration auf die Navigation. Was ich an Wegweisern und Schildern nicht sehe, sehen Franz oder Silke. Ab heute habe ich neben dem Navi auch den analogen Esterbauer-Radführer in Verwendung, dazu noch eine Liste der Orte gekritzelt, durch die wir kommen sollten. Ja, das klingt anachronistisch, aber dreifach hält besser und vor allem führt das Navi immer wieder in eine von Kartenblatt und Wegweiser abweichende Richtung. Wem soll man trauen? Die Eurovelo-6-Radwegweiser sind spärlich und klein, einzelne Tafeln hängen hoch unter einer Ampel oder an einem Laternenmast, andere sind von Bäumen, Ästen, Zweigen, Büschen oder geparkten Lkw verdeckt. Und wenn man einen einzigen Wegweiser übersehen hat, ist man auch schon verloren. Diese Radwegweisermisere hält, um kurz vorzugreifen, auf den folgenden tausend Kilometern an und auf den zweiten tausend Kilometern gibt es dann sowieso absolut keinen Donauradweg mehr und noch weniger Radwegweiser. Dass man ab 2022

Kleine Straßen: Kleine ungarische Tiefebene

über die Seite *eurovelo.com* GPX-Tracks fürs Navi herunterladen kann, ist schön, man muss aber überlegen, ob man wirklich so fahren will, wie das Navi bzw. die Eurovelo-Planer es vorschlagen. Ich bleibe jedenfalls dabei: Analoge Radkarten im Gepäck sind nicht nur im Notfall (Akku leer!) hilfreich.

Die ersten Kilometer bis *Čunovo* fährt man auf einer Art vierspurigen Radautobahn, etliche Freizeitsportler sind unterwegs. *Hallo! Hallo!* Dann aber teilt sich der Weg. Die Variante eins ist die schnurgerade Passage entlang des Prívodný kanál bis zur Staumauer von *Gabčíkovo*. Das Kraftwerk, ursprünglich ein ungarisch-slowakisches Gemeinschaftsprojekt, wurde ab 1992 von der jungen Slowakei allein errichtet und mit ihm eine 17 Kilometer lange Kanalrinne betoniert, durch die heute die Schiffe fahren. Rundherum entstand eine Freizeitlandschaft aus der Retorte, die Bürgerinnen und Bürger von Bratislava radeln hier genauso gern wie die Wienerinnen und Wiener auf der Donauinsel. Über die ökologischen Schäden, die dieses Stauwerk vor allem auf der kleinen Schüttinsel anrichtete, wird nicht mehr viel geredet.

Variante zwei führt vom Ufer weg und über die Grenze nach Ungarn, unsere Route. Zweiter Tag, zweites Land. Die Zeit des „Gulasch-

הבית הזה קדוש הוא לאדוננו
בו נשתחוה ונכרעה לפני עשנו

Győr: Renovierte Synagoge (l.); Brücke über die Mosoni-Duna (ganz o.)
Große „Fuzo“ im Stadtzentrum (o.)

www.hellogyor.hu

kommunismus“ ist vorbei, das Land in der EU; und davon, dass im Land der feurigen Magyaren heute ein politisch schärferes Lüftchen weht, merkt man als harmloser Radreisender natürlich nichts. Ich merke nur, dass ich kein Wort verstehe außer „igen“, was so viel heißt wie „Ja“. Nicht einmal grüßen kann ich!

Gleich hinter *Rajka* rollen wir über die *Mosoni-Duna*, die Kleine Donau, ein schmales Donau-Nebenärmchen, auf die *Szigetköz*, die Kleine Schüttinsel. Die Dörfer gehen in die Breite, die Felder werden größer. Wir begegnen wenigen Autos und noch weniger Pferdefuhrwerken, das Land ist friedlich, beschaulich, unspektakulär. Immer wieder fahren wir nahe am Wasser, durch Reste von Auwald, vorbei an Tümpeln, über stille Totarme. Der Wind schiebt an, Silke macht Tempo. Ab *Dunakiliti* rollen wir durch besonders kleine Orte mit besonders unaussprechlichen Namen; in *Hédervár* schließlich essen wir neben der Dorfkirche Äpfel, Bananen und die Käsesemmel vom Frühstücksbuffet. Nachspeise: Kekse. So geht Radtour. Das Schloss bleibt unbesichtigt, dafür führt uns ab hier ein parallel zur Landstraße laufender Radweg bis nach *Győr*. Gestern waren wir bei der Stadtankunft noch nervös, heute sind wir schon echte Routiniers, die um halb zwei Uhr nachmittags an die Pforte des Hotels Klastrom klopfen. Dürfen wir schon einchecken? Wir dürfen. Schon wieder wohnen wir in einem ehemaligen barocken Kloster. Der Gang zu den Zimmern ist so breit und so lang, dass man hier locker Rad fahren könnte.

Das Zimmer ist passabel, nur die Zechmeisterstraße unter dem Fenster ist lauter als erwartet. Das Internetportal hat vom herrlichen „Flussblick“ geschwärmt; wie sollen die auch wissen, dass mich nächtlicher Straßenlärm an den Rand des Wahnsinns treiben kann. Jetzt blubbert auch noch eine Gruppe von Easy Ridern mit ihren Harleys in den Innenhof des Klosters. Ich fürchte mich vor der Nacht.

Mitten in Győr, das früher einmal Raab hieß, mündet die Raab in die Mosoni-Duna, an deren Ufer man fein spazieren, flanieren, Eis essen kann. Wenige Kilometer unterhalb mündet die Raab gemeinsam mit der Mosoni-Duna dann in die hier wieder ungestaute richtige Duna.

Győr, mitten in der kleinen Ungarischen Tiefebene, ist eine Barockstadt wie aus dem Bilderbuch. Wir bummeln zu dritt durch die Gassen und Straßen, besprechen nochmals den Fahr-Tag, machen Pläne für andere gemeinsame Radtouren. Wir suchen und finden am anderen Raab-Ufer die große Synagoge, in die man, wenn gerade keine Veranstaltung läuft, auch hineinschauen darf. Die ehemals große jüdische Gemeinde der Stadt existiert allerdings nicht mehr. Zurück in der Altstadt umkreisen wir den Széchenyi-Platz, kommen an einem Brunnen vorbei, bei dem das Wasser aus einer überdimensionierten Soda-

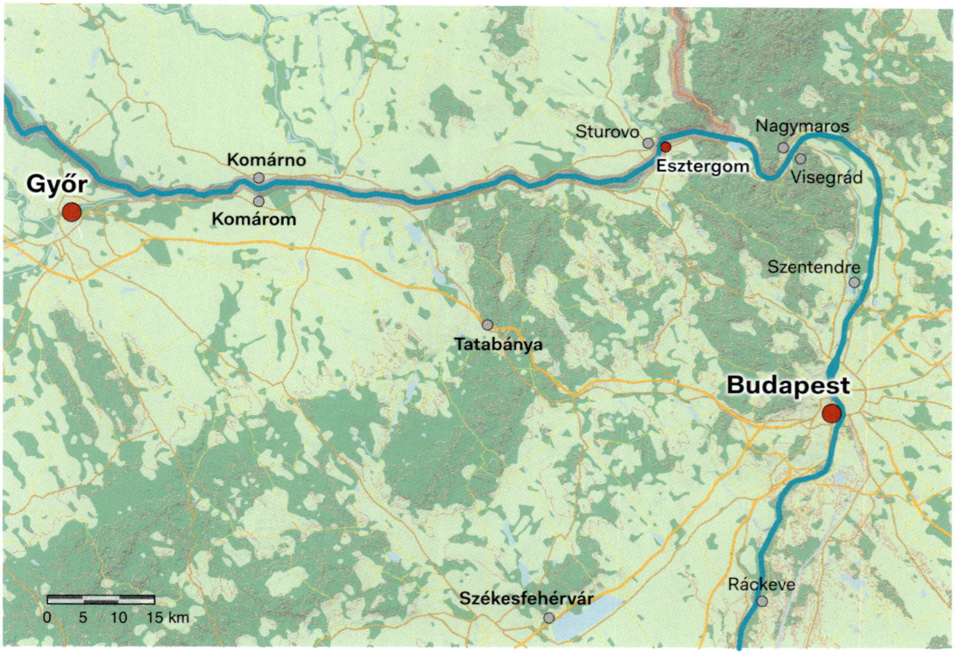

wasserflasche sprudelt. Was seinen tieferen Grund darin hat, dass die Sodawasserflasche an sich eine Erfindung eines Bürgers aus Győr ist. Der Höhepunkt des Abends ist freilich die Einkehr im Schanigarten am Hauptplatz; das Gulasch (what else?) „Pörkölt mit kleinen Nockerln" ist ein Gedicht, das Bier frisch.

Die Stadt ist Auto- und Audi-affin, schließlich arbeiten 11.000 Menschen im Audi-Werk. Zurück in meinem schönen Zimmer versuche ich, den Lärm wegzudenken. Ich lese, schreibe, plane. Ein aufgetunter Audi fährt eine ganze Stunde lang und mindestens alle fünf Minuten mit heulendem Motor und dröhnendem Subwoofer unter meinem Zimmer vorbei. Ich stecke Ohropax in die Ohren. Kurz bevor ich durchdrehe, ist der Spuk dann doch zu Ende. An der Zimmerwand lehnt mein Haibike, das ich in einem günstigen Augenblick an der strengen Rezeptionistin vorbeigeschummelt und über den roten Teppich ins Zimmer geschoben habe. Alles ist gut. Der Schlaf, er kommt von selber.

SCOTT

Im Donauschungel

Etappe 14: Győr–Esztergom

109 km, 230 hm,
267 km gesamt

Das ist eine lustige Schnitzeljagd! Ins Zentrum von Győr und zum Hotel zu finden war ein Kinderspiel, aus der 130.000-Einwohner-Stadt hinauszukommen ist dagegen eine Rätselrallye. Die Donauradweg-Schilder sind spärlich gesät. Und Passanten nach dem Weg zu fragen ist auch nicht leicht, denn wer geht heute außerhalb von Fußgängerzonen noch zu Fuß, noch dazu im Gewerbegebiet? Die schmalen Radwege gehen kreuz und quer und hin und her, man muss des Öfteren die Straßenseiten wechseln und bei Zebrastreifen absteigen. Das soll ein Eurovelo sein? Der Garmin piepst und meldet von der ersten Minute an *Streckenabweichung*.

Die Stadtausfahrt ist geschafft, jetzt rollen wir in einem großzügigen Zickzackkurs über endlose Felder, überqueren die M 1 und finden uns bald auf ruppigen Feld- und Waldwegen. Ein Eurovelo-Schild hat uns auf diesen Dschungelpfad geführt, wir sind ihm gefolgt und kämpfen uns nun durch tiefe Spurrillen. In etlichen Gruben steht Wasser, stellenweise müssen wir absteigen und schieben. Wir sind, wenn man so will, mitten in der ersten Trial-Sonderprüfung der Tour gelandet. Die Fahrt auf dunkel-verschwiegenen Auwegen gibt gute Action-Fotos her, aber aktuell habe ich gleich einmal die Sorge: Wenn die weitere Strecke jetzt so oder so ähnlich beschaffen ist, kommen wir morgen nie nach Budapest und ich in fünf Monaten nicht zum Delta. Außerdem habe ich schon lange keinen Wegweiser mehr gesehen. Sind wir hier richtig? Hallo, ist da jemand? Das Gras ist hoch, die Sonne warm, der Wasservorrat schwindend. Und was, wenn hinter dem nächsten Busch böse Räuber lauern? Ich falle von einem Schlagloch ins nächste, Silke und Franz wedeln zwischen Lacken hin und her. Der Weg ist vielleicht mountainbikekompatibel, für bepackte, ungefederte Tourenräder (und ihre Fahrer) aber eine Zumutung. Ich würde jetzt gern bitte den zuständigen Herren oder die Dame sprechen, der oder die sich diesen Kurs ausgedacht hat! Dass wir im Verlauf des Vormittags dann doch noch zurück zur Asphaltstraße finden, grenzt an ein kleines Wunder. Immerhin: Viel Autoverkehr haben wir bisher nicht gehabt. Und der Wind kommt noch immer von hinten.

Gegen Mittag nähern wir uns schön langsam Komárom. Dort wollen wir wieder die Donau sehen und über die Brücke zurück ans

Auwaldpassage vor Komárom: Da muss man durch (l.)

Schöner Rastplatz: Uferidylle nach Komárno (folgende Doppelseite)

www.mahart passnave.hu/en/ esztergom-circle-line

linke, slowakische Ufer, in die Zwillingsstadt Komárno fahren. Hinter einem Galeriewald sehen wir dann auch die ersehnte Brücke; wie eine Fata Morgana steht sie vor uns, gleich sind wir dort und über der Donau und in ein paar Minuten machen wir dann lässig Mittag. Denken wir uns. Doch so nah wir der Brücke auch sind, ja, wir stehen bereits direkt unter ihr, so unmöglich ist es uns, eine Auffahrt auf eben diese zu finden. Es gibt nur eine autobahnähnliche Straße und große Hinweisschilder: „Räder verboten!“ Meine Karte kennt nur diese eine Brücke und sonst keine. Wir fahren, das hatten wir heute schon einmal, eine halbe Stunde zwischen Lagerhallen kreuz und quer. Wie bitte kommen wir von dieser Industriewüste ans andere Ufer? Das Navi ist ratlos. Wir waren doch bis vor wenigen Minuten noch am feinsäuberlich beschilderten Eurovelo-Radweg und jetzt sind wir verloren. In höchster Not hält direkt neben uns ein nobler Schlitten, einfach so. Der Fahrer steigt aus, erklärt uns sehr gelassen, dass die Brücke, die wir da eventuell suchten, einige Kilometer weiter im Osten liege und diese hier, und er deutet nach oben, erst unlängst eröffnet worden und nur für Autos zu befahren sei. Er zeigt uns die Richtung, in die wir fahren müssten, winkt nochmals lässig, steigt ein und ist weg. Ein Wunder ist geschehen. Es gibt sie noch, die Schutzengel aller verirrten und verwirrten Radfahrer, auch in Ungarn!

Also, mutig voran zur Brücke der Freundschaft, auch „Elisabethbrücke“ genannt. *Insgesamt macht Komárno den Eindruck eines verschlafenen, aber gepflegten k.u.k. Provinzstädtchens,* schreibt Hinnerk Dreppenstedt in seinem Donau-Reiseführer, wobei „verschlafen“ in unserem Fall nicht zutrifft: Hunderte Schulkinder stehen um Eistüten an, der Hauptplatz quillt über, wir wissen gar nicht, wohin wir flüchten sollen, finden erst mit letzter Kraft und am Rande des Platzes eine Art Jugendcafé, in dem ich (nach gefühlten dreißig Minuten Wartezeit) einen kalten Hotdog hinunterschlinge. Franz isst Burritos und Silke, ohnedies, wie man so sagt, ein Strich in der Landschaft, trinkt nur eine Tasse Kaffee. Und schon haben wir – in der Hitze des Mittags – Energie genug, den Europaplatz zu suchen. 27 Bauwerke in 27 den jeweiligen EU-Mitgliedsstaaten zuordenbaren Baustilen sind aneinandergebaut. Wir stehen staunend inmitten einer EU-Architektur-Erlebniswelt, von der bloß niemand sagen soll, dass es sich da um Kitsch handelt!

Hinaus aus der Stadt und mit Rückenwind auf dem Donaudamm dahin. Es ist einfach beruhigend, den Strom wieder in ganzer Pracht und Breite strömen zu sehen. Der Asphalt ist glatt, nach einer flotten Stunde fahren wir hinunter zum Donaustrand, lehnen die Räder an alte Aubäume und lagern im Schatten. Ein bisschen Sand, ein altes Fischerboot, eine kleine Insel in der Mitte des Stromes. Am anderen Ufer glänzt ein namenloses Dorf in der Nachmittagssonne. Wasser und Au-

Schräger EU-Stilmix: Europaplatz in Komárno

wald. Da würde man gern länger Halt machen. Schon aber sitzen wir wieder auf unseren Gäulen. Die Berge des Donauknies rücken näher, die enorme Kirche von Esztergom, das dem römischen Petersdom nachempfundene weiße Wahrzeichen der „ungarischen Wachau", ist schon in Sicht. Die letzten der heutigen 108 Kilometer fahren wir auf der Straße, der Verkehr ist halbwegs erträglich. – Fotostopp auf der Brücke vom slowakischen Štúrovo hinüber nach *Esztergom,* Kinder winken aus dem Touristenbähnle, das vobeibimmelt. Unsere kleine, versteckt am Hang liegende Pension finden wir mit Navis Hilfe problemlos: *Sie haben ihr Ziel erreicht.*

Der Blick von der Aussichtsterrasse hoch oben bei der Kathedrale hinunter auf die Donau ist fantastisch. Die Maria-Valeria-Brücke, über die wir in die Stadt gekommen sind, stammt nicht, wie aufgrund ihrer Stahlgitterkonstruktion zu vermuten wäre, aus dem 19. Jahrhundert, sondern wurde erst 2001 eröffnet, ist aber ihrer Vorgängerin, die 1944 von der deutschen Wehrmacht gesprengt worden war, exakt nachempfunden.

Die 1869 fertiggestellte Kathedrale „Unserer lieben Frau und des heiligen Adalbert", vor der wir nun seit einiger Zeit stehen, ist die größte

Kirche Ungarns, bis zu 8.000 Gläubige haben in ihr Platz. Der Erzbischof von Esztergom ist das Oberhaupt sämtlicher ungarischer Katholiken, die „Graner Messe" (Gran ist der alte deutsche Name für Esztergom) komponierte ein gewisser Franz Liszt. Abstieg bis ins Tal. Ein langer Tag, die Sonne sinkt. Morgen geht's hinein nach Budapest.

Budapest city limits

Etappe 15: Esztergom–Budapest

85 km, 240 hm, 355 km gesamt

Alle Aufmerksamkeit gilt jetzt Budapest. Leichte Anspannung vor der Abfahrt. Die Packtaschen sind rasch eingehängt, die Schlafsackwurst mit zwei gelben Gummispannern am Gepäcksträger festgezurrt. Über den Schlafsack war ich mir bis zuletzt unklar: Nehme ich ihn mit, lasse ich ihn da? Er ist jetzt mein Rettungsschirm, den man eben dabeihat, aber den zu verwenden man tunlichst vermeiden möchte. Wer weiß, was das Schicksal alles mit einem vorhat? Zuletzt wird die Lenkertasche eingeklickt und das Navi montiert. Helm auf. *Ladies and Gentlemen, get ready.* Der letzte Tag zu dritt und vor uns eine Millionenstadt. Wir fädeln uns auf dem Radweg stromabwärts ein. Die Hänge an beiden Ufern steigen steil an, so wie in der Wachau, nur Weinterrassen sehe ich keine. Endlich wieder Berge, hier im Donauknie! Nach wenigen Kilometern am Ufer und danach auf einer Autostraße geht's scharf links ab zur Fähre, die nur leider vor fünf Minuten abgefahren ist. Was bedeutet, dass wir nach zwölf gefahrenen Kilometern schon eine Pause von einer knappen Stunde einlegen müssen: *Nur nicht ärgern!* Auf dem weiten, geschotterten Platz warten schon vier Rennradler aus Österreich, in der nächsten halben Stunde trudelt nach und nach ein gutes Dutzend Radfahrerinnen und Radfahrer ein. *You never ride alone,* zumindest nicht in der ungarischen Wachau. Da es weder Radständer noch Bäume, noch Geländer, noch eine Mauer oder einen Zaun gibt, liegen die Räder flach auf dem Asphalt, daneben hocken ihre Fahrer und Fahrerinnen. Oder liegen im Gras seitlich des Parkplatzes. *Wo kommt ihr her, wo fahrt ihr hin, wie kommt ihr zurück?* Die Rennradboys müssen heute noch mit dem Railjet zurück nach Wien, haben es eilig, sitzen aber im Augenblick wie wir untätig am Donaustrand.

(Anmerkung: Seit 2023 verkehrt diese Fähre nicht mehr. Um nach *Szob* und danach bequem auf dem Radweg weiterfahren zu können, muss man schon in Esztergom wieder ans linke Ufer wechseln.)

Gleich hinter Szob biegt die Donau nach Süden ab, wendet sich danach in einem scharfen U nach Norden und strömt am Ort *Nagymaros* vorbei. Kleine Villen und Schrebergartenhäuschen säumen den Weg. In

Budapest: Innerstädtische Pfarrkirche und Hotel am Belgrád rakpart (ganz o.)
Kajakfahrer nahe Szentendre (o.)

Der Budapester Burgpalast: größtes Gebäude Ungarns

ART DECO

diesem vorletzten Engtal, das die Donau auf ihrer weiten Reise durchströmt, sollte ebenso wie in Gabčíkovo eine mächtige Staumauer errichtet werden. Doch offenbar war die Landschaft des „Donauknies" den Ungarn dann doch zu heilig, um sie mit zehn Meter hohen Betondämmen zu entweihen.

Eigenheime, Wohnhäuser, Schrebergartenütten und Garagen, hier wohnt man gern und schön, und wenn man kurz einmal den Kopf hebt, sieht man auf der anderen Seite hoch über dem Ufer die Festung Visegrád. Wir sind nun im Flow, wie das auf Neudeutsch heißt, fahren zügig Richtung Budapest. *Visegrád* (wohin man wieder mit einer Fähre gelangen könnte) ist mitsamt seiner Festung bekannt für seine große Geschichte. Einst stand hier ein riesiger Königspalast.

Der Donaupegel liegt hier kaum mehr hundert Meter über dem Meeresspiegel. Lächerliche hundert Meter Gefälle für die restlichen 1.700 Kilometer, die Gesetze der Schwerkraft und der Natur sind immer wieder bemerkenswert. Finde ich.

Gleich hinter Visegrád teilt sich der Strom, zweigt die *Szentedrei-Duna* von der richtigen Donau ab und bildet mit ihr die *Szentendrei-sziget*, die Szentendre-Insel. Im Lauf der nächsten Kilometer krümmt sich der Strom und das Tal Richtung Süden und verharrt dann für einige hundert Kilometer auf striktem Südkurs. Auf dem Rad bemerkt man von den großzügigen Richtungsänderungen im Donauknie nicht viel, außer dass der Wind abwechselnd von hinten, dann von der Seite und zwischendurch auch von vorne kommt.

Wir rasen regelrecht auf Budapest zu. Kurz vor *Vác* sehen wir die Fähre, mit der wir wieder ans andere Ufer wollen, auf unserer Seite liegen. Franz zieht einen Spurt an, wir schlüpfen als allerletzte Passagiere noch durchs Sperrgitter und sind, kaum haben wir durchgeatmet und bezahlt, auch schon auf der Szentendre-Insel. Wo wir in einem leerstehenden Pavillon direkt neben der Anlegestelle alle Restbestände an Lebensmitteln, die noch in Taschen und Säcken zu finden sind, auftischen.

Nach dem frugalen Mahl queren wir die Insel; eine schmale Brücke führt über die *Szentendre*-Donau und mitten hinein in den Speckgürtel der ungarischen Hauptstadt. Volle Konzentration auf den Verkehr! Nach einer Dreiviertelstunde laufen wir auf der Uferpromenade von Szentendre ein. Direkt am Ufer der Kleinen Donau gibt es so viele hübsche Kaffeehäuser, Bier- und Schanigärten, dass man gar nicht weiß, wo man sich niederlassen soll. Die Sonne wärmt, lässt die Donauwellen glitzern und Silke besteht völlig zu Recht auf einem Rundgang durch den Ort. Ein barockes Städtchen präsentiert sich da am Ende des Donauknies. Hier schlürft man seinen Campari Orange, löffelt be-

Kurzes Vergnügen: Fährfahrt bei Vác

glückt Eiskaffee, speist nobel wie die Budapester Schickeria. Ateliers und Galerien, Souvenir- und Kitschshops, Straßenmalerinnen und Straßenmusikanten, für fast jeden Geschmack ist was dabei. Hübsche Menschen flanieren übers Kopfsteinpflaster, von Hühnerspießchen zu Rindsgulasch, von Esterházy- zu Dobosschnitte. Man würde ja liebend gern bleiben, sogar in die eine oder andere Kirche schauen. Aber: Die Pflicht ruft. Raus aus der Idylle. Abfahrt.

Zickzack, kreuz und quer, Kinder, Hunde, Spaziergänger, Radfahrer und ein Radweg, der immer dichter bevölkert ist, je weiter wir in die große Stadt vordringen. Man kennt es ja von der Tour de France: Die letzten Kilometer sind die schwersten. Wurzeln, die den Asphalt aufbrechen. Umleitung, schikanöse Routenführung, verbogene Wegweiser. Hinauf auf den Bahndamm, hinunter zum Kanal, abenteuerliche Links-rechts-Kombinationen, ein Stadtslalom der Hors-Kategorie. Schließlich hilft weder Karte noch Text, weder Garmin noch gesunder Menschenverstand: Der Radweg endet direkt neben einem Vorortebahnhof, das „Radfahren verboten"-Verkehrszeichen ist unübersehbar. Rückzug ist keine Option, ein hilfreicher Radfahrer weist uns schließlich den Weg: Durch eine kleine Sperre, die wir mit Leichtigkeit über-

www.budapestinfo.hu/de

www.budapestbesuchen.de/budapest-besuchen/kreuzfahrt-budapest/

www.legenda.hu/de/danube-legend

www.mahartpassnave.hu/en

winden, gelangen wir direkt auf den Bahnsteig des Bahnhofs. Schieben unsere Räder, das Selbstverständlichste auf der Welt!, über den Perron und finden am anderen Ende des Bahnsteigs zurück auf unseren Radweg, der so tut, als hätte er nie geendet. Überglücklich, wieder auf Kurs zu sein, übersehe ich eine besonders tiefe Bodenwelle. Der Fotoapparat springt aus der Lenkertasche (die ich zu schließen vergessen hatte) und landet auf dem harten Asphalt. Alarm. Notbremsung. Bei einem ähnlichen Vorfall vor einem Jahr war Schluss mit Optik. Diesmal aber bleibt der Apparat heil. Der Auslöser löst aus, Probefotos geben ein scharfes Bild. Ab jetzt zippe ich die Tasche immer zu.

Zeitweise schwimmen wir im sanften Strom anderer Pedalisten, dann wieder verlieren wir uns in Nebengassen. Dort, wo die Szentendre-Donau zurück in die große Schwester mündet, ist die Stadt nun voll da. Gasthäuser, Campingplatz, Schwimmbad, Hotels, viele Menschen, denn es ist Wochenende. Und Hunde gibt es auch, in Budapest. Árpád híd, die erste Brücke, neben uns die Margareteninsel. Jetzt rollen wir auf einem Radweg direkt am Fluss, müssen nur noch hinüber ans andere Ufer, das letzte Mal für heute. Weil die Kettenbrücke Großbaustelle ist, können wir erst über die Erzsébet híd fahren, wagen uns dann doch im Straßenverkehr auf die Brücke, machen oben sogar noch Dokumentationsfotos. Schon sind wir am *Belgrád rakpart,* unsere Handys melden aufgeregt: *Ziel erreicht.* Doch wo bitte ist jetzt das Hotel? Wir umkreisen ein mächtiges Gründerzeitgebäude, finden nirgendwo einen Eingang. Fahren zum zweiten Mal hinaus auf den Belgrad-Kai, dorthin, wo der Haupteingang (Nummer 27!) sein soll. Hat uns bookingdotcom einen Streich gespielt? Wir finden beim besten Willen keine Türschild. In höchster Not fällt mir ein: Ich könnte ja telefonieren, und wirklich: eine sanfte Frauenstimme antwortet. Jaja, sie warte schon, es stimme alles, der Eingang sei vorne (wo bitte ist vorne?), wir müssten nur einen Code, den sie mir jetzt langsam vorspricht, an der Gegensprechanlage bei Nummer 27 eingeben, alles ganz einfach! Nach einer Dreiviertelstunde Suche springt das Riesentor auf, wir stehen im Foyer der festen Burg. Die sanfte Stimme, eine Studentin mit langem, dunklem Haar und hübschem Gesicht, ist vom zweiten Stock zu uns heruntergestiegen und steigt mit uns nun wieder hinauf zur Rezeption. Silke und Franz schnallen ihre Räder ans Stiegengeländer, ich aber schiebe meines ins Zimmer. Die Studentin leistet keinen ernsthaften Widerstand, sagt nur: *You must say, I didn't see it.* Franz und Silke haben ein Zimmer mit Donaublick. Besser geht's nicht.

Nach dem obligaten Kaffee und Kuchen empfehle ich mich für ein Stündchen, kaufe beim Lidl um die Ecke Proviant. Weil morgen Sonntag ist und ich einen Geheimplan geschmiedet habe.

Budapest. Alles, was ich diesmal von der Stadt sehe, ist die Donau. Am Parlament sind wir vorbeigefahren und über die ungarische Innenpolitik wird hier nicht räsoniert. Erstaunlich, dass auf der Stadtseite das ganze Donauufer zum Radweg umfunktioniert wurde. Oder ist das nur am Wochenende so? Die Zitadelle liegt oben am anderen Ufer, die „innerstädtische Pfarrkirche" direkt neben unserer Hotelburg. Abends freuen wir uns gemeinsam über die gelungene Reise. Die zwei wollen noch einen Abendbummel machen, bevor sie morgen mit dem Railjet zurück nach Wien fahren. *Wir sehen uns eh noch beim Frühstück,* sagt Silke, da sage ich nicht viel dazu. Ich gehe ins Zimmer, setze mich an den Schreibtisch, esse ein paar Kekse und studiere den Stadtplan von Budapest.

Nieselregen in der Paprikametropole

Etappe 16: Budapest–Kalocsa

140 km, 100 hm, 495 km gesamt

Um vier Uhr früh bin ich wach, um halb sechs stehe ich auf. Teekocher und Teebeutel sind im Zimmer. Baguette (von gestern), Schokolade, Zimtschnecke und Schokokekse. Kaffee fehlt, aber was hilft's? Ich schreibe ein SMS an Silke *(Kommt gut heim!),* trage Rad und Gepäck langsam die hundert Stufen hinunter. Das große Tor der Hotelburg fällt hinter mir zu. Jetzt bin ich allein, allein mit der Budapester Donau. Die Stadt schläft tief, es ist kühl und ich bin aufgeregt. Bis hierher war Nahverkehr, jetzt aber wird's eine Fernreise. Auf nach Tulcea. Oder sicherheitshalber erst einmal: Belgrad, das nächste große Ziel. Zumindest bis dahin, das sage ich mir immer wieder, muss ich es schaffen, dann wäre die Tour keine Niederlage mehr. Da könnte ich dann die Reise im darauffolgenden Jahr fortsetzen, mich herausreden, warum es diesmal doch nicht bis zum Schwarzen Meer gereicht hat. Nur: Um nach Belgrad zu kommen, muss ich zuerst einmal aus Budapest hinausfinden. Was hatte ich Angst vor dieser Stadtausfahrt! Doch alles ist leichter als gedacht. Der Garmin lotst mich auf autofreie Straßen, über friedvolle Uferwege, dann wieder auf dreispurige Straßen, manchmal führt er mich sogar auf Radwege. Sogar Donauradweg-Wegweiser gibt es hier und da. Csepel-Insel, Ráckevei-Duna, der linke Donauarm, stellenweise schaut es aus wie in der Lobau, einsame Fischer stehen am Ufer, *Sunday morning, easy going.* Dann wieder Lagerhallen, leerstehende Fabriksgebäude. Nur einmal fahre ich in eine Sackgasse, ansonsten läuft's nach Plan, muss es auch, schließlich ist Kalocsa, mein heutiges Etappenziel, rund 140 Kilometer entfernt. Kalocsa. Ich male mir die Stadt in den schönsten

Budapest
Szigetszentmiklós
Ráckeve
Donaúváros
Dunafoldvár
Paks
Kalocsa
Szeged
Baja
Subotica
Mohács
Sombor
Apatin
Osijek
Vukovar
Bačka Palanka
Vinkovci
Ilok
Novi Sad
0 10 20 km

Farben aus, wird sie doch in sämtlichen verfügbaren Reiseführern als „Paprikahauptstadt“ Ungarns gerühmt. Ein Ort, voll mit rotglühenden Paprikagirlanden, gemischt mit grünen und gelben Paprikas, so stellte ich mir Kalocsa vor, überquellend von Paprikagulasch und gefüllten Paprikas. Ein ungarisches Schlaraffia, voll mit *éttermek* und Weintrinkstuben. Ich treibe mich an. Gemma, gemma. Der Dunst wandelt sich zu einer Art Hochnebel, statt wärmer wird es kälter. Und mein aktuelles Navigationsproblem ist das alte: Der Garmin zeigt einen anderen Weg als die Landkarten. Mittlerweile habe ich neben Garmin und dem Bikeline-Buch nun auch die Landkarte des Eurovelo 6 in Verwendung, die immerhin eine gewisse Ehrlichkeit an den Tag legt: *Es gibt wenige ausgebaute Fahrradwege, so muss man zumeist auf solchen öffentlichen Verkehrswegen radeln, wo die meisten Kraftfahrzeuge schneller als erlaubt fahren und wo die Autofahrer oft ungeduldig sind,* steht da geschrieben. – Und wenn dann doch irgendwo wieder ein Eurovelo-6-Wegweiser auftaucht, kommt System vier zur Anwendung: Ich folge den Schildern. Leider. Denn die Wegweiser zeigen konsequent auch hinter Budapest die schlechtestmöglichen Routen an. Nämlich diejenigen, die durch Gestrüpp und über saumpfadähnliche Wege und oft genug mitten hinein ins Nirgendwo führen. Manchmal glaube ich zu begreifen: Am besten folgt man seinem Instinkt, was dann System fünf wäre. Wenigstens gibt es hier keine steilen Berge, dafür aber Straßen mit tiefen Kratern wie auf der Oberfläche des Mondes, und als ich schon gar nicht mehr daran glaube, finde ich nach dreimaligem Fragen und wildem Gestikulieren *(Domsod? Dömsod?? Dömsöd???)* doch noch eine Straße zurück in die zivilisierte Welt. Da hat die Eurovelo-Landkarte durchaus recht, wenn sie schreibt, dass *die Qualität des Straßenbelags oft Mängel* aufweise. Jedenfalls bleibt die romantische Idee, immer und überall und möglichst unmittelbar am Ufer zu fahren, eine romantische Idee. Das Ziel ist die Schwarzmeerküste. Da muss ich hin und sonst nirgendwo. Es ist jetzt später Vormittag, kälter als um sechs Uhr früh und ein freundlichwarmes Lokal will und will nicht in Sichtweite kommen. In den Dörfern entlang der Strecke sind die Gehsteigkanten hochgeklappt. Um halb zwölf Uhr verliere ich kurzfristig die Orientierung. Was könnte das für ein Ort sein, da vor mir, im Vormittagsgrau? Der Wind kommt von vorne. Meine Rettung ist eine einsame Tankstelle an einer einsamen Kreuzung nahe dem einsamen Ort. Mir ist nicht klar, an welchem Ortsrand ich hier zu meinem sonntäglichen Frühschoppen komme, aber Hauptsache, es ist warm in der spartanisch möblierten Bude. Nach leichten Kommunikationsproblemen wird Früchtetee serviert. Und da im Nebengebäude offenbar ein Pizzadienst sein Basislager hat, bekomme ich nicht nur heißen Tee, sondern auch eine heiße Pizza, einen zweiten Tee und als Draufgabe Kaf-

Kalocsa: Regennasse Straße bei der Stadteinfahrt (l.)
Denkmal an der Hauptstraße (ganz o.)
Ungarische Pizza zur Stärkung (o.)

www.turizmuskalocsa.hu/kalocsa (nur Ungarisch)

fee. Der erste des Tages und genießbar! Ich schlinge die eine Hälfte des Pizza-Wagenrads hinunter, esse so gierig, also hätte ich schon tagelang nichts mehr zu mir genommen. Die zweite Hälfte packe ich vorsorglich ein. Man weiß ja nie, Sonntag in der ungarischen Prärie.

Gefahren werden muss auch mit vollem Bauch. Der Asphalt ist jetzt derart beschaffen, dass es mir die Pizza Bissen um Bissen wieder heraufarbeitet. So wie der Text auf der Landkarte gesagt hat! Ich fahre Schlaglochslalom, ansonsten sehe ich, wenn ich nicht gerade durch einen Buschwald fahre, weites Land. Pannonien. Immer flach, immer geradeaus. Immerhin sind die Autos beziehungsweise ihre Fahrer bei weitem nicht so feurig wie angedroht. Eigentlich völlig normal. Landschaftlich kann man sagen: Grün. Dunkle, grüne Auwaldtunnel, dann wieder offene Puszta. Felder, soweit das Auge reicht. Alle paar Kilometer ein Dorf, eines schaut aus wie das andere. Niedrige Häuser liegen aufgefädelt beiderseits der langen Dorfstraße. Melancholie in der Puszta. Seit Budapest war kein einziger Hügel zu sehen, nicht einmal zu erahnen. Landschaftliche Höhepunkte sind Mohnblumen und Margeriten am Wegesrand. Eh schön!

Nach hundert Kilometern gibt's endlich Abwechslung: Es ist nicht nur kalt, es beginnt auch noch zu nieseln. Auf einem Dorfplatz (Foktő? Kann sein) lege ich eine Rast ein und esse ein Stück Schokolade. Das einige Kilometer landeinwärts gelegene Kalocsa taucht um 16 Uhr aus dem Niesel-Nebelgrau auf. Nur gut, dass ich die Kotschützer montiert habe. Neun Stunden bin ich jetzt im Sattel, und weil ich weder suchen noch Google Maps aktivieren will, frage ich ein altes Ehepaar nach dem Weg: *Zentrum? Zentrum?* Sie verstehen, nicken, fahren mit ihren Rädern stumm vor mir her, genau dorthin, wo meine Pension sein soll. *Köszönöm szépen!*

Im Zentrum der Paprikametropole ist ungefähr so viel los wie die letzten Stunden draußen in der Puszta, auch mein „Club Hotel 502" ist fest verschlossen. Ich läute Sturm. Als ich schon jede Hoffnung aufgegeben habe, höre ich eine Art Stöhnen hinter der Tür, einen Schlüssel, der sich im Schlüsselloch dreht. Beschwörend hebt der Wirt die Hände. *Leise, leise!*, fleht er, bewegt sich ganz langsam, jede Bewegung fällt schwer; ihn plagen ganz offensichtlich Kopfschmerzen. Die langen, grauen Haare hängen ihm ins Gesicht, er spricht das Allernötigste mit schwerer Zunge und unter größter Anstrengung. Schlurft mit Hauspatschen und im Schlafrock vor mir her, stöhnt und brummt und gibt sich auch sonst jede Mühe, Mitleid zu erregen. *Nix Paprikaschnitzel, Sonntag Ruhetag!* Immerhin, man will nicht klagen: Das Rad steht im Trockenen und dass im Wintergarten eine Mikrowelle aufgebaut ist, nehme ich immerhin wahr.

Weites Land: Die große ungarische Tiefebene

Kalocsa. Weit und breit sind keine Paprika zu sehen, nirgendwo feurige Puzstaklänge zu hören, nun habe ich plötzlich Angst zu verhungern. Obendrein, und um die Strafe noch zu verschärfen, wird der Regen stärker. Alles, was ich in der Paprikametropole finde, ist ein Asia-Laden mit warmem Dosenbier und Kartoffelchips. Nicht einmal Paprikachips! Da, ein Lichtschimmer: Die Tür der Bäckerei in der Szent István király utca steht offen. *Morgen früh alles voll,* sagt die Verkäuferin und deutet dabei bedauernd auf die leeren Regale. Sonntagabend ist keine gute Zeit für Nahrungssuche, dies ist die Wahrheit, hier genauso wie beispielsweise in der niederösterreichischen Provinz. Neben dem Nacken tut mir jetzt auch noch der Ellenbogen weh. Hoffentlich wir das keine Schleimbeutelentzündung. Immerhin ist's nicht das Knie. Ich habe 140 Kilometer in den Beinen, sehe weit und breit nichts Essbares, die barocke Kathedrale, das bischöfliche Palais, sie können mich nicht über die sich anbahnende Misere hinwegtrösten. Jede Frittenbude, jeden Pusztawürstelstand, jedes Pizzaoutlet hätte ich genommen. Aber: Nein. In höchster Not fällt mir die Mikrowelle in meinem Hotel ein, dazu noch die Reste der Pizza Cardinale. Ich laufe heim in meine Pension, koche mir einen Tee (Teebeutel und Wasserkocher gibt es auch hier), lege die Pizzaflade in die Welle, hole Cola aus dem Automaten. Fertig ist das Gourmetmenü, und als Dessert tun die Notfall-Reservekekse vom Lidl ihre Pflicht. Großartig! So gut wie ich hier können Franz und Silke daheim in ihrem gemütlichen Haus gar nicht dinieren! (Ich habe heute kaum mehr an die beiden gedacht. Franz wird mir ein paar Wochen später sagen, dass sie von meinem französischen Abschied sehr enttäuscht waren.)

Morgen ist Montag. Die Hoffnung auf Golatsche und Gulasch lebt. Ich verkrieche mich im Bett. Gut, so ein warmes Bett zu haben. Und eine heiße Dusche. Jetzt, irgendwo draußen im Zelt, das wäre schrecklich, hier herinnen aber ist alles gut.

Schlachten waren früher

Etappe 17: Kalocsa–Mohács

85 km, 70 hm, 580 km gesamt

Der Tag beginnt so, wie der gestrige aufgehört hat, nämlich feucht und grau. Ich spüre die 140 Kilometer vom Vortag, spüre das rechte Knie und den rechten Ellenbogen. Lust aufs Rad habe ich im Moment wenig und außerdem gibt es einiges zu erledigen. *First things first:* Großeinkauf beim Bäcker. Wie herrlich es im Laden duftet! Golatsche, Buchtel, zwei Kipferl und eine Semmel, am liebsten hätte ich das halbe Lokal aufgekauft, sicher ist sicher, alles, nur bitte keinen Hungerast! Ich drücke einen Cappuccino aus dem Automaten, gehe die paar Schritte heim in meine Pension, wo der Wirt geduscht und frisch frisiert, aber immer noch seufzend und stöhnend durch den Gang schlurft. Den zweiten Cappuccino macht mir dann schon sein quicker Sohn unten im Lokal. Der Tag läuft an. Ein Schritt nach dem anderen. Kurz falle ich nochmals aufs Bett, um neun Uhr sind Glieder und Geist dann bereit zur Abfahrt. Hinaus in die feuchte Kälte.

Die Beine sind schwer, aber sie funktionieren. Bei *Fajsz* zweige ich Richtung Uferdamm ab. Auf der Karte eingezeichnet war „Naturbelag“, aber zu meiner Freude ist der Damm mit einem funkelnagelneuen Asphaltband belegt. Bodenversiegelung, ja, ich weiß … aber für Radwege darf es Ausnahmen geben! Einsame und gerade 45 Kilometer sind es von hier bis Baja, manchmal nieselt es leicht, dann wieder fahre ich den dunklen Wolken davon. Am Westufer liegt bereits der Duna-Dráva Nemzeti Park, ich sehe grauen Auwald und die graue Donau. In der letzten Stunde ist mir nicht einmal ein einsamer Angler begegnet. Kein Haus, kein Dorf. Nur Damm. Jetzt aber doch: Häuser, eine Straßenbrücke, dann *Baja.* Nichts wie hinein auf den weiten Hauptplatz der ehemaligen „Frankenstadt“ und dort ins Szenecafé, wo mir die junge Kellnerin

Kein Schlachtenlärm: Fähre und Skyline von Mohács

ausnehmend gut gefällt, sie aber meine Annäherungsversuche *(Very nice city, Baja!)* nicht erwidert. Egal, die zwei Kaffees und eine Marmeladebuchtel sind auch ohne Flirt okay. Als ich weiterfahren will, beginnt es *richtig* zu regnen. Was anderes bleibt mir übrig, als Regenhose und Gamaschen überzuziehen, das gelbe Cape um die Lenkertasche und den Regenschutz auf den Helm zu spannen sowie die Regenjacke überzuziehen? Eine gute Stunde dauert es, bis ich aus der kleinen Stadt hinausfinde. Stadtausfahrten sind schwieriger als Stadteinfahrten. Man könnte sagen, die Beschilderung ist daran schuld. Oder war es die Kellnerin, die meine Sinne verwirrte? Rutschiges Kopfsteinpflaster. Dann ein idyllischer Uferweg, der sich aber nach zwei Kilometern vom Ufer abwendet und mich in einem sanften 180-Grad-Kreisbogen zurück Richtung Baja führt, weil ich statt ans Donauufer auf die Petőfi-Insel geraten bin. Der nächste Versuch führt mich in die Tiefen des Auwaldes, der Weg wird immer miserabler. Erst ein alter Mann, weiß der Himmel, was der hier in der Au sucht, hat den rettenden Tipp für mich: *Zurick! Iber Viadukt!*

Nieselregen im Land der Donauschwaben. Gasthäuser oder Wartestellenhäuschen, in denen man Schutz finden könnte, gibt es am Dammweg nirgendwo. Ohne Pause vorbei an *Dunafalva.* Wenn's nur

www.danube-pearls.eu/danubepearls

etwas wärmer wäre. Das Knie beruhigt sich, zeitweise denke ich gar nicht mehr daran, dafür tut der Nacken noch immer weh. Wann kommt endlich *Újmohács*, die Roma-Vorstadt von Mohács? Nie. Ein Radfahrer, ebenso einsam wie ich, fährt vor mir im dichten Auwald bis zur Fähre. Schweigend radeln wir nebeneinander, er versteht mich nicht und ich ihn noch weniger, aber wir nicken einander wenigstens freundlich zu.

Mohács. Die Schlacht bei Mohács. Der Kai ist hoch und steil. Über dem Uferwall ragt nochmals eine rund drei Meter hohe Betonmauer auf. Wie die Reste einer Festung stehen die Häuser am Ufer. Die Skyline eines Dorfs. Das angegraute Szent-János-Hotel mit seiner zartrosa Sichtbetonfassade direkt neben der Anlegestelle hat auch schon bessere Zeiten gesehen. Die Scheiben des Restaurants mit der schönen Donauterrasse sind blind, das Lokal ist geschlossen. Wiewohl: Draußen sitzen hätte ich bei diesen Temperaturen ohnedies nicht gewollt. Auch Mohács hatte ich mir anders vorgestellt. Größer zumindest. Anno 1526 war da sicher mehr los. Wer hat da gegen wen gewonnen beziehungsweise verloren? Muss ich gleich nochmal googeln, vorerst aber fahre ich in das Centrum Panzió in der Hauptstraße, keine drei Minuten von der Fähre entfernt. *No bike in the room!*, befiehlt die strenge Kellnerin, noch bevor ich überhaupt danach gefragt hatte. Widerspruch wird hier kaum geduldet. Immerhin ist das Zimmer warm. Und es gibt eine richtige Badewanne! In der ich sofort ein Vollbad nehme und danach meine Radtrikots wasche. Ellbogen und Knie spüre ich nicht mehr, aber der Nacken spannt.

Also, wie war das noch gleich mit der Schlacht bei Mohács? Der Ungarnkönig Ludwig II. unterlag in diesem Gemetzel Sultan Süleyman, dem „Prächtigen“, das ungarische Trauma schlechthin. Der Großteil des Landes fiel unter die Herrschaft der Osmanen, nur der Westen mit Pozsony/Pressburg blieb ungarisch beziehungsweise habsburgisch. Das liegt jetzt ein halbes Jahrtausend zurück. Auf übermäßig großen Widerstand, so glaubt jedenfalls der Historiker Michael W. Weithmann, waren die gegen Westen vorrückenden Osmanen anno 1529 in Ungarn gar nicht gestoßen, die Schlacht nach vier Stunden geschlagen und König Ludwig tot. *Das Landvolk erwartete von ihnen [den Osmanen, Anm.] nichts Schlimmeres als von den eigenen Herren. Der Adel zog sich aus dem Kampfgebiet zurück und von den Magnaten standen einige im Verdacht, selbst den Sultan ins Land gerufen zu haben, um zuerst die jagiellonische und dann die habsburgische Macht in Ungarn zu Fall zu bringen*, schreibt Weithmann.

Steht man in der Hauptstraße von Mohács, könnte man nun salopp formulieren, dass sich der Ort bis heute nicht so richtig von der Schlacht erholt hat. Was freilich ziemlich ungerecht ist. Geht man auf der Szabadság-Straße bis zum Széchenу-Platz, stößt man auf die 1926 fertiggestellte, für 3.600 Besucher konzipierte, strahlend weiße Gedächtniskirche. Das Kuppeldach im maurischen Stil erinnert so wie die zarten Türmchen am Rathaus daneben an die türkische Zeit. „Ured Gradonačelnika" – „Polgármesteri Hivatal" – „Bürgermeisteramt" steht auf dem Schild neben dem Portal und weist darauf hin, dass hier und heute neben Ungarisch auch Kroatisch und Deutsch Amtssprachen im ehemaligen Mohatsch sind. Angeblich leben noch rund 2.000 deutschsprachige Nachfahren der „Donauschwaben" in der Gegend. Das Denkmal vor dem Rathaus zeigt drei Frauen in unterschiedlichen Trachten, die einander an den Händen halten.

Reicht einander die Hände her, kommt!
Möge ein jeder seinen Brauch bewahren,
die eigene Mutter für die schönste halten.
Möge eure Sprache tausendfach erklingen.

Diese Worte von Gotthold Ephraim Lessing am Sockel des Denkmals sind in drei Sprachen eingeschrieben. Ach, wenn es doch in der Realität nur halb so harmonisch herginge, hier in Ungarn und überhaupt.

Auf dem Weg zum Schlachtdenkmal suche und sehe ich: Kebab- und Gyrosbuden, Pizzerias, Eissalons, einen Chinesen sowie etliche geschlossene Lokale. Ich gebe zu: Essen ist wichtig, Kalorien müssen sein. Belohnung muss sein. Statt ins Wirtshaus stolpere ich aber vorerst noch ins Radgeschäft, das mich mehr beeindruckt als jedes Denkmal. Vollgeräumt mit Rahmen, Kurbeln, gebrauchten Rädern, von der Decke hängenden Felgen, Schläuchen und Mänteln scheint es völlig aus der Zeit gefallen. Der Inhaber ist das Rennen „Paris–Roubaix" – noch mit Stahlrahmen! – gefahren; ausgeblichene Fotos an der Wand bezeugen diese und andere Großtaten. Zu guter Letzt finde ich doch noch zum großen Schlachtendenkmal: Ein rechteckiges Wasserbecken, dahinter ein schlanker, von zwei Säulen getragener Bogen. Vor dem Denkmal-Pool stehen nicht türkische Krieger, sondern Bronzefiguren mit Fratzenmasken, Widder- und Stierhörnern. Sie erinnern an das alljährlich im Fasching wiederkehrende „Buscho-Fest", bei dem maskierte Männer wahlweise die Türken oder den Winter vertreiben, so genau wird das heute nicht mehr genommen. Die Tradition geht angeblich zurück auf im 17. Jahrhundert in der Gegend ansässig gewordene Serben, „Schokazen" genannt, die sich zugutehielten, die Türken aus Mohács vertrieben zu haben – was so aber nicht stimmt. Richtig hingegen ist, dass das Fest immaterielles UNESCO-Weltkulturerbe und längst ein fröhliches Touristenspektakel ist.

Mohács: Besuch im Fahrradladen (l.)
Denkmal der Dreisprachigkeit (ganz o.)
„Schokazen“-Figuren beim Schlachtendenkmal (o.)

In der Apotheke kaufe ich eine wärmende Salbe für den Nacken. Ein Kreuzfahrtschiff liegt am Donauufer. Zögerlich kämpft sich die Abendsonne durch das Bleigrau. Abendstille überall. Und ganz zum Schluss lande ich im Western Saloon. *Dreams are my reality. Tie a yellow ribbon round the old oak tree. Goodbye my love it's hard to die.* Zigeunermusik, wenn man das noch schreiben darf, gibt's hier nicht, dafür aber einen Burger mit karamellisierten Zwiebelringen, Pommes und dazu ein großes Glas Bier. Plus eine freundlich lächelnde Kellnerin. Was will man mehr vom Leben? Was will ich mehr von Mohács?

Kroatische Baustellen

Etappe 18: Mohács (Ungarn)–Osijek (Kroatien)

68 km, 160 hm, 648 km gesamt

Der Morgen ist kühl und windstill. Eine halbe Stunde hinter Mohács fahre ich schon über die Grenze nach Kroatien, die Grenzer sind von meinem Reisevorhaben beeindruckt. *Gutt Reise*, sagt einer von ihnen.

Die Etappe nach Osijek ist kurz, es sollte, so meine Hoffnung, ein entspannter Tag ohne größere Aufregung und ohne Regengewand werden – und damit ein freier Nachmittag in Osijek drin sein. Ursprünglich hatte ich hier sogar einen ganzen Rasttag eingeplant, den habe ich aber längst gestrichen. Ich will weiterkommen!

Doch aufregungslos, das gibt's nicht. Das Schild „Allgemeines Fahrverbot" am Rand eines unscheinbaren Dorfs namens *Gajić* sehe ich spät, aber doch. Baustellengitter versperren den Weg, eine lokale Umleitung ist nicht in Sicht. Das Problem: Die Brücke über einen schmalen Kanal ist abgetragen. Muss ich umdrehen und dreißig Kilometer Umweg fahren? Zwei Bauern tratschen auf der Dorfstraße und schütteln bedauernd die Köpfe, als ich frage, ob und wie ich da hinüberkann. Ich muss einen ziemlich verzweifelten Eindruck gemacht haben, denn schließlich erbarmt sich der eine mit dem Strohhut doch noch meiner armen Seele und begleitet mich bis an die Brücke. Wo ein kotiger Weg steil hinunter zum und über das Wasser und drüben ebenso steil bergauf ans andere Ufer führt. Wer sein Fahrrad liebt, der schiebt! Die Kletterpassage gelingt ohne Ausrutscher, doch die zweite Überraschung wartet gleich hinter dem nächsten Dorf: eine knackige Steigung, mindestens einen halben Kilometer lang, die erste seit ewigen Zeiten. Hier in der nordöstlichsten Ecke von Kroatien und einige Kilometer vom Donauufer entfernt schaut es aus wie im Weinviertel. Hügel, Wein, Wagram. Und jetzt eine richtige Abfahrt! Ich erwische einen Abkürzer nach *Zmajevac;* am Rand der Donauauen geht's nun flott und vorwiegend kerzengerade Richtung Süoosten.

Rechter Hand leuchtet ein Schlösschen durch einen verwilderten Park. Das verfallende Gebäude stammt aus der ersten Hälfte des 18. Jahrhunderts und gehörte einst Prinz Eugen von Savoyen. Schon um halb ein Uhr zu Mittag trage ich das Rad über etliche Stufen hinauf zur Draubrücke, die Auffahrt hatte ich verpasst. Danach lande ich sanft in *Osijek*, einer dereinst vom jugoslawischen Bürgerkrieg hart getroffenen Stadt.

www.kroati.de/kroatien-landesinnere/osijek

Nur kein Krieg, nur kein Konflikt! Heute hat mich nicht einmal ein Hund angefallen, im Gegensatz zu den beiden vorangegangenen Tagen in Ungarn. Einmal setzte mir ein Pudel nach, den konnte ich noch locker abschütteln. Gestern aber schoss ein wütender Straßenköter aus einer Hauseinfahrt auf mich zu und hinter mir her. Eine reelle Chance, meine Hundehupe aus der Trikottasche zu fischen, hatte ich in beiden Fällen nicht. Alles, was mir blieb, war Flucht.

Tvrđa, die barocke Vorstadt von Osijek, wird zur Zeit meines Besuchs gerade großflächig saniert; im ganzen Viertel sind die Straßen aufgerissen, Baumaschinen dröhnen draußen wie drinnen und meine Pension liegt genau im Zentrum des Sanierungsviertels. Baugitter und Bagger bestimmen die Szene; nur ein schmaler Gehsteigstreifen ist zwischen Hauswand und Baugrube frei. Gut, dass sich was tut! Der Stadtteil entstand, als die Österreicher die Festung draußen an der Drau errichteten; er war in den letzten Jahrzehnten und zuletzt durch den Bürgerkrieg mehr als heruntergekommen. Nun aber wird Tvrđa langsam zum Ausgehviertel aufgewertet. Große Plätze, Kirchen, Laternen und alte Holzportale, kleine Häuser und große Schulen, viele Bauten strahlen bereits in frischem Schönbrunner Gelb. Es zieht Leben ein in Tvrđa und es fühlt sich gut an.

Der Fahrradbote im Foyer meiner Pension wartet auf neue Fracht, er ist glücklich mit seinem Job, weil es, wie er sagt, im Callcenter nicht mehr auszuhalten war. Netter Bursche, hätte gern länger mit ihm geredet, aber er muss rasch weiter. Ich fahre mit dem Rad ins Zentrum, wo ich zuallererst in der Wechselstube meine Forint in Kuna umtausche. Noch brauche ich sie, doch der Euro als Landeswährung dämmert 2022 schon am Horizont herauf. Der Radhändler in der Seitenstraße schmiert meine Kette, Luft will er mir aber nicht in die Reifen pumpen: *It is enough*. Die Sorge, dass ich jeden dritten Tag ein Radgeschäft mit einer Standpumpe suchen muss, löst sich zusehends, Achtung, Wortspiel!, in Luft auf.

Im Stadtzentrum von Osijek gibt es eine Tourist-Info, eine riesige neugotische Kirche, ein bisschen Gründerzeit mit Jugendstileinsprengseln plus Infrastruktur, die man als Tourist liebt: Eisgeschäfte, Restaurants, Kunst im öffentlichen Raum. Und hundert Kaffeehäuser.

Osijek: Schiffsmühlen-Replika an der Drava/Drau, HR (l.)
Baufälliges Prinz-Eugen-Schloss in Bilje (ganz o.)
Renovierte Festung in Tvrda (o.)

Wer kennt schon die Hauptstadt Slawoniens, rund zwanzig Kilometer von der Mündung der Drau in die Donau entfernt? Ich radle hinaus an die Draupromenade. Hinter mir die alte Festung mit dicken Mauern und mächtigen Türmen. Rad- und Gehweg am Ufer der Drava sind funkelnagelneu asphaltiert, Skater, Radfahrer, Spaziergänger und Spaziergängerinnen laufen, fahren, schlendern. Im Wasser liegt der Nachbau einer alten, hölzernen Schiffsmühle. Und nicht weit davon ein ausgemusterter Dampfer. Die Drau, ein durchaus stattlicher Fluss, kennt man aus Osttirol, aus Kärnten, aber den Rest ihres Weges bis nach Osijek kennt man eher weniger. Am anderen Ufer dröhnt ein Ghettoblaster. Ich lege mich ins Gras, mache Gymnastik, lasse mich von der Sonne, die erst spät durch die Wolken dringt, wärmen und bin bis auf den Ghettoblaster mit mir und der Welt zufrieden.

Den Abend verbringe ich in meinem Quartier an einem Katzentischchen, das draußen am Gehsteig zwischen Gasthausfront, Bauzaun und der mehrere Meter tiefen Künette gerade noch Platz findet. *Nema problema!* Cesars Salad und crunchy white fish. Ich spreche das Pärchen am Tisch neben mir an: Beide arbeiten fürs lokale Theater als Kostümbildner. Sie fragen, wie es meinem Sitzfleisch nach der weiten Reise gehe? Ihnen beiden tue nämlich bereits nach fünf Kilometern Radfahren der Arsch mächtig weh. – Ah ja, das wollte ich noch sagen: Osijek heißt auf Ungarisch Eszeg, und auf Deutsch hieß es bis vor gar nicht so langer Zeit Esseg. Um das Jahr 1900 sprach die Hälfte der Bewohner Deutsch, heute besteht die Einwohnerschaft zu neunzig Prozent aus Kroaten. Mir ist alles recht, solange die Menschen so freundlich sind wie hier.

In die Kulturhauptstadt

Etappe 19: Osijek (Kroatien)–Novi Sad (Serbien)

132 km, 340 hm, 780 km gesamt

Raus aus Osijek geht es ja noch ganz gut, dann aber ist gleich einmal die Abzweigung auf die Nebenstraße gesperrt. Baustelle, schon wieder, so wie gestern! Und schon wieder stehe ich vor der schwierigen Wahl: Ausprobieren und möglicherweise nach fünf oder zehn Kilometern umdrehen müssen – oder gleich auf der großen Straße nach Vukovar fahren. Was ich schließlich auch mache. Der Verkehr ist erstmals nicht ganz easy, aber der Weg kürzer als gedacht. In *Vukovar,* wo ich am späten Vormittag eintreffe, denkt man zwangsläufig an Krieg, an ethnisch Konflikte, an schreckliche Gräueltaten. Die barocke, einst mehrheitlich serbische Stadt wurde 1991 heftig beschossen, von den Serben erobert,

Novi Sad: Das Denkmal „Familie“ erinnert an die schreckliche „Razzia“

1998 aber Kroatien zugeschlagen. In Summe gab es mehrere tausend Tote und noch mehr Vertriebene. Kann man die Schrecklichkeiten des jugoslawischen Bürgerkriegs jemals verstehen? Heute leben hier rund 57 Prozent Kroaten und – immerhin – noch 35 Prozent Serben. Der Wasserturm direkt am Ufer zeigt noch immer seine Einschusswunden, steht da als ewige Erinnerung an den Krieg. Es tröstet wenig, dass die Uferpromenade schön saniert ist. Schnell weg aus dieser Stadt voll mit Schreckensbildern. Exakt, als ich den Wasserturm passiere, schnalzt, ja knallt etwas hinter meinem Rücken ganz gräulich, dann scheppert es kräftig. Mein Gepäckträger hängt nur mehr an einer Seite am Rahmen, die Schraube auf der anderen hat sich gelöst und ist für immer verloren. Ach du meine! Doch habe ich Glück im Unglück: Vor vielleicht einem Kilometer habe ich an der Seite einen Rad-Laden gesehen. Nichts wie zurück und hinein. Ist der gute Mann hinter der Budel ein Serbe oder ein Kroate? Egal. Er sieht, versteht und löst das Problem in einer Minute. Fertig. Ich hätte den Mann mitsamt seinem öligen blauen Schlossergewand am liebsten umarmt, kaufe zur Sicherheit eine zweite Schraube als Reserve und zahle freiwillig das Doppelte des lächerlichen Preises.

Hvala! Hvala! Doviđenja! Ich nehme mir ganz fest vor, von nun an täglich zu checken, ob eh keine Schraube locker ist.

In der offiziellen kroatischen Geschichts- und Erinnerungspolitik spielt Vukovar eine zentrale Rolle. Die Stadt gilt als Symbol des Leidens des kroatischen Volks im Kampf für die Unabhängigkeit und des heldenhaften Widerstands gegen die serbische Aggression, bringt der ehemalige Osteuropa-Korrespondent Cyrill Stieger die Befindlichkeit der Stadt auf den Punkt. Und betont, dass die Serben die Lage konträr sähen und es im Krieg auch etliche kroatische Übergriffe und serbische Opfer gegeben habe.

Vukovar liegt hinter mir, ich folge wieder einmal einem Eurovelo-Schild – warum nur, warum? – und prompt wird der völkerverbindende Rad- nach wenigen Minuten zum elenden, sich in den Tiefen der Donauauen verlierenden Feldweg. Als dann auch noch ein verwachsenes rotes Schild auftaucht: „Pozor. Achtung, Lebensgefahr, Landminen" – habe ich genug, drehe um und stoße beim geordneten Rückzug auf einen Mountainbiker. Freund oder Feind? Er erklärt mir in bestem Englisch, dass dies hier ein *local way* sei, zeigt mir die ungefähre Richtung zurück zur Straße. Die ich nach einer weiteren halben Stunde in Morast und Gestrüpp doch noch lebend erreiche.

Kroatien mag mich offensichtlich nicht, denn in *Sotin* wartet bereits die nächste Schikane: Die Straße, meine Straße!, ist gesperrt. Schon wieder! Zwanzig Kilometer Umweg sind das Mindeste, meine Begeisterung darüber hält sich in engen Grenzen. Vor einer Trinkstube direkt an der Kreuzung sitzen ein paar Männer auf kleinen Hockern und trinken. *Dober dan!* Kann ich mit dem Rad da fahren? Eine lebhafte Diskussion entsteht, der eine sagt ja, der andere nein. Dann doch: eher ja. Zumindest verstehe ich es so und wage die Baustellentour. Komme zuerst ungebremst voran, doch dann fehlt, genauso wie gestern, ein entscheidendes Stück des Wegs, nämlich eine Brücke. Umkehren ist keine Option, ich klettere also wieder einmal mitsamt Rad und Gepäck die Böschung hinunter. Wate durch den Morast des Rinnsals, versinke bis zum Knöchel im Schlamm, hebe mein Bike über den dünnen Wasserlauf, krieche mehr als ich klettere schließlich das Ufer hinauf. Ziemlich verdreckt, aber ohne gröbere Verletzung bin ich jetzt wieder auf der Straße, die nun leider keine mehr ist: Der Asphalt ist zur Gänze abgeschremmt. Die Löcher sind tief, die Schläge hart, mein Rücken leidet ebenso wie mein Haibike. Ich umschiffe die tiefsten Klüfte, komme bestenfalls im Schritttempo voran, aber zurück? Niemals. *No way back.* Die Straße, die keine mehr ist, führt zum Donauufer hinunter, dann wieder hinauf, sechs bis acht Prozent, der Schweiß rinnt mir übers Gesicht und in die Augen, denn heute ist es erstmals warm geworden, und zwar richtig. Verstaubt und verspätet laufe ich in *Ilok* ein. Die östlichste Stadt Kroatiens ist im Gegensatz zu mir hübsch und gepflegt, ist Zentrum eines Weinbaugebiets (das steht so im Reiseführer) und Bordertown. Ohne Pause – ich muss Zeit gutmachen! – geht's wieder einmal über die Donau, hinaus aus der EU und hinein nach Serbien.

Was hat man nicht alles im Kopf, wenn man von Serbien redet. Auf der Brücke gibt es eine eigene Radspur. Hätte ich nicht erwartet. In der Flussmitte halte ich kurz, um zu fotografieren: Hoffentlich werde ich nicht verhaftet. Die Donau jedenfalls ist hier schon sehr mächtig, oder kommt es mir nur so vor? Ein kurzes Stück noch durchs Niemandsland, dann bin ich in der Republika Srbija. Zur Begrüßung drückt mir der Zöllner einen Stempel in den Pass. Und wirklich schaut hier alles gleich, wenn man das so sagen darf, jugoslawisch aus, was wohl auch an den kyrillischen Schriftzeichen liegt, die nun auf allen Schildern zu sehen sind.

Die Straßen von *Bačka Palanka*, der serbischen Uferstadt, sind schachbrettartig angelegt, wie in einer Stadt des mittleren Westens. Ich habe seit dem Frühstück nichts gegessen, folglich Hunger und Durst. Vor allem aber einen ersten positiven Eindruck. Auf der Main Street herrscht Jahrmarktstimmung. Bei einem, ich vermute, Schulfest wird um die Wette gelaufen, gespielt und gesungen. Bäume spenden Schatten, an jeder Ecke ein fesches Kaffeehaus, ein Lokal, ein *restoran*. Als ich in einem der schattigen Schanigärten den besten Kirschenstrudel ever serviert bekomme, bin ich bereits überzeugt: Auch in Serbien werde ich aller Voraussicht nach überleben. Fünfzig Kilometer habe ich heute noch; physisch wie mental gestärkt mache ich mich also auf den weiteren Weg. Nach 15 Kilometern im serbischen Verkehr (ja, es gibt auch Vorurteile, die zutreffen) erwische ich kurz vor *Čelarevo* gerade noch rechtzeitig die Abzweigung zum Radweg und erlebe die nächste positive Überraschung: der Dammweg ist nicht, wie befürchtet, geschottert, sondern frisch asphaltiert. Rückenwind, schöne Donaublicke, 26, 28 Stundenkilometer, herrlich! Barocke Kirchtürme in der Ebene links, die grünen Hügel der *Fruška Gora* auf der anderen Seite der Donau. Fischerhäuser, Wochenendhütten, Uferwiesen, dann wieder Auwald. Die serbische Donauküste ist die beste aller Küsten. Und alles so schön bunt und sauber hier!

Noch weit vor dem Abend laufe ich nach einem längeren ungewollten Abstecher zum Yachthafen im Zentrum von *Novi Sad* ein, das mit seinen Straßenbahngleisen, Ampeln und vierspurigen Straßen mit echter Großstadthaftigkeit überrascht. Direkt an der Donau entlang geht's zur *Stari Grad*, zur Altstadt, die Festung *Petrovaradin* thront am anderen Ufer. Schnell ein paar Fotos, schnell ins Hotel! Auf den letzten Metern, am Bulevar Mihajla Pupina, kürze ich ab und springe über

NOVI SAD – EUROPEAN CAPITAL OF CULTURE
NOVI SAD
НОВИ САД
II

Novi Sad: Festung Petrovaradin, ehemals Peterwardein (li.)
Dorf am Radweg vor Novi Sad (o.)
Hausfassade in der Altstadt von Novi Sad (u.)

www.serbia.travel/de

www.novisad.travel

eine Gehsteigkante. Besser gesagt: wollte springen, fliege aber. Im Fallen schreie ich laut *Aaaahhh.* Dutzende Leute drehen sich erschrocken zu mir her. Peinlich! Noch auf dem Boden liegend bewege ich Hände und Kopf und Beine: Alles dran, alles funktioniert. Auch das Haibike hat nichts abgekriegt. Ein paar Minuten brauche ich, um mich zu fassen und den Staub von Trikot und Hose zu wischen. Aufpassen, Bua! Das mit den Abkürzern lasse ich von nun an bleiben.

Hotel Mediterraneo. Endlich geschafft. WLAN gibt es am Zimmer, was dagegen fehlt, ist Wasser. Das fließt zuerst nur sehr spärlich und nach zwei Minuten gar nicht mehr. Ein Bagger auf der Großbaustelle nahe dem Hotel hat ein Leitungsrohr beschädigt und das ganze Viertel wasserlos gemacht. Das ganze Viertel! Ich verfalle in die erste Depression dieser Tour. Ungeduscht (nach 130 Kilometern!) und dementsprechend dreckig wanke ich durch die Hauptstadt der „autonomen Provinz Wojwodina", die sich als „Europäische Kulturhauptstadt" fein herausgeputzt hat. Renovierte Fassaden, junge Mädchen (und ebensolche Burschen), Straßentheater, hundert Eisgeschäfte. Ein Verkäufer trägt Luftballons in allen Farben des Regenbogens. Alles ganz normal und so schön bunt hier! Nick Cave wird demnächst hier musizieren. Noch 1999 von Nato-Truppen bombardiert, scheinen im Gegensatz zu Vukovar die Kriegswunden zumindest oberflächlich geheilt zu sein, wenn auch die Bilder der zerbombten Donaubrücken noch immer präsent sind. – Geschichtsstunde! Im 18. und 19. Jahrhundert lebte hier im alten „Neusatz" ein buntes, wie man so sagt, „Völkergemisch". Nach dem Abzug der Osmanen (danke, Prinz Eugen) kamen Deutsche, Ungarn und Serben, auch Slowaken, Griechen, Juden sowie andere „Minderheiten" hierher. Heute wohnen in der Stadt mehr als drei Viertel Serben. *1918 fiel es (Neusatz, Anm.) an das neu entstandene Königreich der Serben, Kroaten und Slowenen, während des Zweiten Weltkriegs wurde es von deutschen und ungarischen Truppen besetzt, nach 1945 war es die Hauptstadt der von Tito mit dem Status einer autonomen Provinz ausgestatteten Vojvodina.[...] Die jüdischen Bewohner der Stadt wurden während des Zweiten Weltkriegs ermordet, die serbischen vieltausendfach verfolgt, die deutschen 1945 nahezu vollständig vertrieben, die ungarischen in der Ära des großserbischen Nationalismus am Ende des 20. Jahrhunderts schikaniert.*"

So lakonisch fasst Karl-Markus Gauß, Schriftsteller und exzellenter Osteuropa-Kenner, die jüngere Geschichte der Stadt zusammen. Im Jänner 1942 wurden in der Stadt 1.200 Zivilisten, Männer, Frauen, Kinder, meist Juden und Serben, an die Donau getrieben, erschossen, auf und unter das Eis der zugefrorenen Donau geworfen. Das Denkmal „Familie" am Ufer erinnert an diese so genannte „Razzia". Direkt an der Uferpromenade, gleich neben dem Denkmal, stehen heute Schautafeln mit Texten von Literaten, etwa von Danilo Kiš: *Nationalism is an ideology of banality. Nationalism is an totaliarian ideology. Nationalism is, above all, paranoia.* Kiš, dessen Vater dem Massaker in Novi Sad nur durch Zufall entkommen war, schrieb diesen Text 1973, also lange vor dem jugoslawischen Bürgerkrieg.

Genug davon. Friedlich flutet der Verkehr über die Varadinski most und die 2005 wiedererrichtete Most slobode, die „Freiheitsbrücke". Dass direkt unter der Freiheitsbrücke in einem großen Freibad mit breitem Sandstrand hunderte Badegäste friedlich in der Sonne liegen, im Strom kraulen und planschen, das werde ich erst bei der Heimreise vom Deck des Kreuzfahrtschiffs aus wahrnehmen. Wieso mich der Anblick der fröhlich Badenden zu Tränen rührt, kann ich nicht sagen. Oder doch?

Um halb elf Uhr nachts, nach exzellenten gefüllten Paprika, wandere ich sorgenvoll zurück in meiner Herberge. Doch alles ist gut: Das Wasser fließt, als wäre das die normalste Sache der Welt. Ja, es schießt so stark und so plötzlich aus der Leitung, dass ich mich beinahe am heißen Strahl verbrenne.

Holiday in Beograd

Etappe 20: Novi Sad–Belgrad

89 km, 330 hm,
869 km gesamt
Plus Rasttag
in Belgrad

Schön gelegen Peterwardein [Petrovaradin, Anm.], besonders von ferne nimmt sich die Festung gut aus [...] von da an bis Semlin (Zemun bei Belgrad, Anm.) beide Ufer niederträchtig. Der österreichische Nationaldichter Franz Grillparzer fuhr anno 1843, oft gequält von Übelkeit und Durchfall, mit dem Dampfer von Wien donauabwärts. Er war dabei meistens übel gelaunt und entsetzt über den Zustand vieler Städte. Schon bei der Abreise hegte er ernsthafte Zweifel an seinem Vorhaben, über Donau und Schwarzes Meer nach Konstantinopel und Griechenland zu reisen; zu seiner Zeit eine Expedition voller Entbehrungen. *Klar also ist, [...] die lange und beschwerliche Reise in meinem vorgerückten Alter mit meiner gebrechlichen Gesundheit, so ganz allein, so als Student zu machen, grenzt wirklich an den Unsinn,* schrieb Grillparzer sich selbst ins Tagebuch. Ich hingegen (und ohne mich im Geringsten mit Grillparzer vergleichen zu wollen) habe unterwegs letzte Zweifel an meiner Reise verloren. Ich verlasse morgens die schöne Stadt, fahre über die Varadin-Brücke ans rechte Ufer, im Schatten der Festung durch einen kurzen Tunnel und schon bin ich auf der Beogradska-Straße. Die Richtung stimmt, der Verkehr ist harmlos, alles ist gut, dann aber hupt ein fetter, schwarzer Mercedes. Schon will ich mich ärgern und den Stinkefinger zeigen, da dreht der Fahrer beim

Vorbeifahren seinen Daumen nach oben und winkt gut gelaunt zu mir herüber. *Dober dan! Srećan put!*

Nach *Sremski Karlovci,* auf einem empfohlenen Nebenweg abseits der Hauptstraße, wird die Fahrbahn wieder einmal elendiglich schlecht. Wegweiser sind schon länger nicht mehr zu sehen. Plötzlich, aus heiterem Himmel, ein Überfall. Sie sind zu zweit und meinen es ernst. Brüllen, jaulen und kreischen, sind völlig außer sich. Ich schreie und sprinte los, mit allem, was ich an Kraftreserven mobilisieren kann. Bis zur Erschöpfung dauert die Verfolgungsjagd, irgendwann habe ich sie dann doch abgeschüttelt. Diese elenden Hunde. Der Puls rast. Noch immer im Fluchtmodus stürze ich mich auf der steilen Straße hinunter zu den wenigen Häusern von *Čortanovci* und stehe jetzt direkt am friedlich daliegenden Donaustrand. Schöner Platz, nur leider: Sackgasse. *Nix weita!,* ruft der Fischer, der gerade seine Netze ordnet, *no, no!* – Im ersten Gang klettere ich also den Uferberg, den ich soeben herabgefahren war, wieder hinauf. Und habe gleich wieder Angst, die Hunde könnten hinter der nächsten Straßenbiegung auf meine Rückkehr warten.

Die Straßendörfer liegen im Schnitt rund zehn Kilometer voneinander entfernt, sind lang und ähneln einander sehr. Neben der Fahrbahn ist links und rechts ein breiter Grünstreifen und meist ein Graben, in einem gewissen Respektabstand davon stehen dann die eingeschoßigen Häuser. In *Beška* haben Spaßvögel Wegweiser am Straßenrand postiert: „2.860 km Atlanski Okean / Atlantic Ocean" zeigt in die eine, „1.580 km Crna more / Black Sea" in die andere, östliche Richtung. Immerhin ist es bis zum Schwarzen Meer von hier aus gesehen schon deutlich näher als zum Atlantik.

Als ich im kleinen *Surduk* fünfzig Kilometer hinter Novi Sad in einem Straßencafé Rast mache, tauchen aus der Gegenrichtung zwei Tourenradler auf. Ich winke sie zu mir her. Die beiden sind im kärntnerischen Mallnitz weg- und zuletzt die Save entlanggefahren, jetzt wollen sie die Donau hinauf Richtung Heimat. Er trägt seine langen, weißblonden Haare zum Zopf gebunden. Sie ein rot gestreiftes, schulterfreies Badeanzugsoberteil. Oder ist das ein Trikot? Er ist in Pension, sie in Altersteilzeit. Worauf soll man noch warten, sagt sie mit rauer Stimme, zündet sich eine Zigarette an und lacht dazu. Die beiden reisen mit leichtem Gepäck, lassen sich die Laune durch den Gegenwind nicht verdrießen und wollen heute noch nach Novi Sad radeln. Von den Hunden, die möglicherweise auf sie warten, sage ich nichts. Ein älterer Mann lädt uns auf einen Slibowitz ein, wofür wir uns herzlich bedanken – und stattdessen noch ein Cola nehmen. Nach einer halben Stunde ist Schluss mit Konversation, wir fahren los, in entgegengesetzte Himmelsrichtungen.

Kaum aufgestiegen habe ich schon wieder Hundekontakt. Diesmal sehe ich die zwei Köter schon aus der Entfernung, also greife ich nach meiner Hundehupe. Hupe um mein Leben, was immerhin zur Folge hat, dass sie mich nicht anspringen, dafür aber vergnügt vor mir her galoppieren. Sie laufen konstant zwanzig bis 23 Stundenkilometer. Wie lange können die das durchhalten? Weil ich zu feig bin, sie zu überholen, fahre ich – mit Respektabstand – hinter ihnen her. Ohne ersichtlichen Grund wechseln sie von der linken auf die rechte, dann wieder zurück auf die linke Seite, manchmal laufen sie auch direkt vor meinem Vorderrad. Wenn ich langsamer werde, reduzieren sie ebenfalls das Tempo. Und wenn, was selten genug vorkommt, ein Auto auftaucht, weichen sie nur kurz auf die Seite aus, um gleich wieder zurück auf die Fahrbahn zu laufen. Fünf Kilometer geht das so, ich frage mich, wie dieses Spiel weiter- und wie es ausgehen mag – dann endlich neigt sich die Landstraße kaum spürbar bergab. Meine Chance ist gekommen, ich ziehe einen langen Sprint an. Die beiden würdigen mich beim Vorbeifahren mit keinem Blick.

Ganz leicht, hat der Salzburger vor einer halben Stunde gesagt, wäre der Weg nach Zemun, den westlichen Vorort Belgrads, zu finden. Naja. Die Straße wird breiter, der Verkehr dichter, die Reise führt durch Satellitenvororte und Gewerbegebiete; ich umkurve Lagerhallen und

Brachflächen, verliere wieder einmal die Route und kurzzeitig auch die Nerven. Die Navigation, sie bleibt meine Schwachstelle.

Schon früher hatte ich Peter Handkes „Eine winterliche Reise zu den Flüssen Donau, Save, Morava und Drina oder Gerechtigkeit für Serbien" gelesen. Handke war – zur Zeit des Bürgerkriegs – auch in Zemun. *Und dann kamen wir [...] unversehens zwischen kleinen, langgestreckten, wie biedermeierlichen Häusern hinaus an die Donau, hier von einer so gewaltigen Breite, daß, im Vergleich zu dem mir aus Österreich doch vertrauten gleichnamigen Fluß, dort hinten auf dem Wasser, dabei noch fern am anderen Ufer, sich eine zusätzliche Zone erstreckte, was diese „Dunav" erst wirklich zum „Strom" machte [...] Eine Art Binnenwasserwelt, eine Flußwelt tat sich vor uns auf an dieser Belgrader oder Zemuner Donau [...].*

Ich suchte und fand diese Flusswelt nach einiger Zeit doch noch. Mitten durch den dichten Zemuner Verkehr komme ich hinaus zum Donauufer und fahre bald einmal den Strom entlang, sehe die lange Reihe der Hausboote, Bootsrestaurants und Hotelschiffe und besteige zum guten Ende meine „Arka Barka", ein „Floating Hotel" direkt am, ja eigentlich im Wasser. Gegen einen geringen Aufpreis darf ich mitsamt meinem Fahrrad den Seminarraum beziehen, ein Siebzig-Quadratmeter-Palais mit Traumblick auf die Donau. Hier ist es gut, hier bleibe ich und hier werde ich morgen meinen ersten Rasttag feiern. Am Abend finde ich zu meinem übergroßen Glück in einem Restaurant im Uferpark nochmals gefüllte Paprika mit Erdäpfelpüree. Die Sonne versinkt blutrot hinter den Aubäumen. Ich bin ein Serbe! Zumindest aber ein Belgrader.

Belgrad. Rasttag

Stromkilometer 1.170. Rund 870 Kilometer bin ich bisher gefahren, noch nicht einmal die Hälfte des Weges. Was macht man am zehnten, ersten freien Tag der Reise? Richtig: Man wäscht Socken, Unterhosen, Trikots und T-Shirts. Zweitens pflegt man sein Rad. Ich fahre (trotz Rasttag!) – stromaufwärts zum Hotel Jugoslavija, einer Riesenkiste aus der Tito-Zeit, in der man auch heute noch Quartier beziehen kann. Ich aber will kein Zimmer beziehen, sondern das Radgeschäft namens „Planet Bike" besuchen, das sich an das opulente Gebäude schmiegt. Ja, da ist schon was los! Offenbar fahren auch die Belgrader und -innen seit neuestem gern mit Lastenrad und E-Bike, ich warte geduldig, bis ich an der Reihe bin. Kette und Werfer kriegen ihr verdientes Öl. Luft nehme ich mir selber, wiewohl von den sechs Bar, die ich vor der Abfahrt in Gobelsburg eingepumpt habe, noch immer fünf in den Reifen sind. Ich mache wieder auf sechs, bin superglücklich und gebe dem schwitzenden Mechaniker ordentlich Trinkgeld. Wenn ich keinen Patschen habe, komme ich mit der Luft bis zum Delta.

Die lange Gerade: Ortsdurchfahrt von Surduk

Die nächste Warteschlange befindet sich im Hauptpostamt, wo ich ein Päckchen für daheim aufgebe. Wartezeit ist harte Zeit. So viel ist noch zu tun an einem Rasttag! Ich begebe mich auf die lange und entbehrungsreiche Suche nach einer passenden Knopfzellenbatterie für meine Pulsuhr, auch einiges andere Kleinzeug will ich nachkaufen. Mittags aber wechsle ich in den Touristenmodus und besteige zuallererst die Festung Kalemegdan, von der man ganz wunderbar auf den Zusammenfluss von Save und Donau schaut. Jetzt ist endgültig Rasttag, ich lege mich für eine halbe Stunde in den Schatten eines Baumes. Kleine Boote, große Kreuzfahrtschiffe, viel Auwald, vor allem drüben in Zemun und auf der Veliko ratno ostrvo, der „großen Kriegsinsel". Weil Kriege gab es auch in dieser Stadt zur Genüge. Die Insel trägt ihren Namen seit jener Zeit, als die Habsburger gegen das Osmanische Reich und dessen Vorposten in Belgrad kämpften, um es schließlich auch zu besiegen. Belgrad, einer der ältesten Siedlungsplätze Europas, wurde seit der Antike bis heute rund vierzig Mal erobert und dabei fast immer ganz oder teilweise zerstört, barocke Pracht findet sich also eher nicht in der Stadt. Im Gegenteil. Wie auch in Novi Sad fielen hier noch ein Jahr vor der Jahrtausendwende NATO-Bomben, die letztlich das Regime von Slobo-

Belgrad: Hausboote und Frachter auf der Save (o. l.)

Wolkenkratzer in Neu-Belgrad (o.)

Täglicher Grün-Markt (ganz l.)

Historischer Speisesaal im Skardalija-Viertel (l.)

www.tob.rs/en

www.cruise belgrade.com

www.serbia.travel/de/vidi-srbiju/st-dte/belgrad

dan Milošević zu Fall brachten. Es gibt in dieser geschundenen Stadt kaum Gebäude, die älter als 150 Jahre sind, die Festungsmauern jetzt einmal ausgenommen. Belgrad, einst Grenzposten zwischen Orient und Okzident, markiert heute die imaginäre Grenze zwischen Pannonien und Balkan. *Das besondere Erbe Belgrads, die Mischung aus Balkan und Mitteleuropa, drückt sich heute vielleicht am sichtbarsten in der Küche aus,* notiert Hinnerk Dreppenstedt. *So stammen die Fleischgerichte oft aus der türkischen und ungarischen Küche, die überaus beliebten Grillgerichte vom südlichen Balkan, die hervorragenden Mehlspeisen verraten den österreichisch-böhmischen Einfluss, und in der Kafana, dem Belgrader Kaffeehaus, steht immer der „Turska kafa" auf der Karte, ein Mokka.*

Die Wahrheit freilich ist: Heute dominiert auch in Belgrad die amerikanische Küche. Beim „Burgerfestival" im Festungspark gibt es bei Dutzenden Buden hunderte verschiedene Hamburgervarianten zu verkosten, als Beilage wird Rockmusik aus dem Lautsprecher gereicht.

Rasttag ist. Nein, ich werde nicht in Sightseeing-Fieber verfallen, das habe ich mir fest vorgenommen, sondern will nur herumsitzen, in die Luft schauen, ins Kaffeehaus gehen, so wie das die Belgraderinnen und Belgrader mit größtem Vergnügen tun. Dann gehe ich doch los und sehe auf meinem Rundgang diese monströse Kirche, die so groß ist wie die Hagia Sophia in Istanbul. Die serbisch-orthodoxe Kathedrale des heiligen Sava ist – Rekord! – die größte Kirche Südeuropas und eine der größten weltweit. Sie wurde erst 2020 fertiggebaut, wobei so ein Ding natürlich niemals fertig ist. Der Innenraum ist mit hellem Marmor, Gold und Ikonen ausgekleidet. Dann noch die Kuppel. Die schiere Größe überwältigt; finanziert wurde das Kirchenmonster, so heißt es, aus „russischen Quellen". – Das Bahnhofsviertel und die angrenzenden alten Wohnquartiere wurden in den letzten Jahren mit 3,5 Milliarden Abu-Dhabi-Dollars „saniert", sprich planiert. An ihrer Stelle entstand die mondäne „Waterfront" samt Wolkenkratzerturm. Aber wir wollen hier nicht über Stadtentwicklung der härteren Art philosophieren, ich will meinen Rasttag schließlich genießen. Schlendere durch die ulica kneza Mihaila, fahre mit dem Elektro-Citybus, suche die Gassen des Künstlerviertels Skadarlija, trinke den gefühlt zehnten Cappuccino und besteige am späteren Nachmittag bereits einigermaßen ermattet ein grün-gelb gestrichenes Patrouillenboot, das einst der jugoslawischen Volksarmee gehörte, seit längerem aber in friedlicher Mission unterwegs ist. Die Fahrt mit dem „Schildkrötenboot" rund um die Kriegsinsel und schließlich die Save aufwärts ist entspannend und interessant gleichzeitig, ein schöner Tag neigt sich dem Ende zu. Als dann etwas später in den hundert Discos, Bars und Klubs am Saveufer das Friday Night Fever ausbricht, schrummt, hämmert und wummert es auch in meinem schönen Hotel so sehr, dass man meinen könnte, die Stadt liege im Dauerfeuer. Ich aber bin, so merke ich, deutlich entspannter als noch vor einigen Tagen. Ziehe die Vorhänge zu, stecke meine geschätzten Ohropax in die Gehörgänge und schlafe trotz Gewummer und Gedröhne tief und fest.

An der serbischen Adria

Etappe 21: Belgrad–Ram

101 km, 230 hm, 970 km gesamt

In Budapest war's der Sonntag, in Belgrad ist es die Stille des Samstagmorgens, die ich ausnutzen möchte, um halb sieben bin ich startklar. *All my bags are packed, I am ready to go, I'm standing here, outside the door.* Ich schiebe mein Rad über den Steg von meiner Barke ans feste Ufer und fahre über die Brankov most ins schlafende Belgrad. Auf dem Radweg direkt neben der Save fahre ich das kurze Stück bis zu ihrer Mündung in die Donau, sehe hoch oben ein letztes Mal die Mauern des Kalemegdan, fühle mich nach dem Rasttag supergut, aber nur kurz. Denn nach einem Kilometer ist der Radweg durch ein großes Baugitter versperrt. Ende der Ausbaustrecke. Umleitung? *Nema nista.* Gibt's nicht. Was also tun? Weil umzukehren wie immer keine Option ist, klettere und krieche ich mitsamt meinem Rad den Uferdamm hinauf. Oben auf der Krone muss ich sehen, dass der Damm auf der Stadtseite nochmals steiler ist als auf der Wasserseite. Zuletzt am Allerwertesten rutschend lande ich nach geschätzten sechs Höhenmetern fast unverletzt auf Straßenniveau, das Rad ist kurz vor mir unten angekommen. Der Kratzer am linken Unterarm blutet nur leicht, also wozu die Aufregung? Ab jetzt fahre ich nach Stadtplan, nicht nach Navi, verlasse über vorwiegend leere Straßen die Belgrader Innenstadt. Die Auffahrt zur Donaubrücke (mit einer wirklich steilen Rampe) schaffe ich gerade eben noch, ohne abzusteigen. Die Route führt mich wieder einmal ans linke Ufer, über *Krnjača* weiter Richtung Pančevo. Muße, um stehenzubleiben und schöne Brücken-Selfies zu machen, habe ich gerade nicht.

Die einzig brauchbare Straße nach der Brücke ist vierspurig, was am Sonntagmorgen auch kein großes Problem darstellt. Ein Problem habe ich allerdings, als ich zu früh und damit falsch abzweige und mich eine breite Auffahrt direkt und ohne irgendeine Umkehrmöglichkeit auf die Umfahrungsstraße von Pančevo führt. So schnell kann's gehen! Jetzt stehe ich auf dem schmalen Pannenstreifen der Sch... Schnellstraße, der Verkehr flutet gnadenlos vorbei. Ich drücke mich und mein Rad an die Leitplanke, fasse mich und sondiere kurz die Lage. Fünf Kilometer auf

Belgrad: Wenn es Nacht wird an der Save

www.serbia.travel/de/vidi-srbiju/die-kultur/festungen/die-ram-festung

der Schnellstraße bis zur nächsten Ausfahrt und dann irgendwie zurück, das wäre die eine Möglichkeit, aber: verboten, unlustig und „zaht“ mich gar nicht, wie meine Tochter sagen würde. Die Böschung auf der anderen Seite ist rund zehn Meter hoch und um einiges zu steil, um über sie nach unten zu gelangen, da müsste ich mich abseilen. Die dritte Variante, nämlich die Geisterfahrt gegen die Fahrtrichtung zurück auf der Auffahrt, das wäre Lebensgefahr pur. *Wroummmmm. Wroummmmm.* Fette Sattelzüge rauschen an mir vorbei. Ich stehe wie gelähmt, hoffe, dass in der nächsten Minute ein Polizeiauto kommt und mich von der Schnellstraße lotst, aber es kommt nicht. Als nach einigen endlosen Minuten kein Pkw und auch kein Lkw in Sichtweite ist, laufe ich über die beiden Fahrspuren zur Mittelleitplanke, um mich und mein Rad auf die Gegenfahrbahn zu hieven, über die ich nach wenigen hundert Metern legal zur nächsten Ausfahrt kommen will. Der Plan klingt einfacher, als er ist, denn: das Rad ist schwerer, die Leitplanke höher, meine praktische Intelligenz geringer als angenommen. Um es kurz zu machen: Ich überstehe das Manöver mit einem Kratzer am rechten Oberschenkel, mit Blut- und Kettenölspuren an beiden Beinen sowie am linken Unterarm und einer länger anhaltenden erhöhten Pulsfrequenz, denn vor einem heranrasenden Sattelzug konnte ich mich gerade noch in letzter Sekunde retten. – Es ist schon sehr warm um neun Uhr früh! Und das Trikot bereits völlig durchgeschwitzt.

In einem Kaffeehaus nahe *Pančevo* wasche ich mir Blut und Öl vom Schenkel. Da mein Radreiseführer den Radweg am Donaudamm mit *weniger gut befahrbar* beschreibt, bleibe ich vorderhand auf der Straße. Fünf, acht, zehn Kilometer geht's jetzt schnurgerade dahin. Es weht ein warmer Seitenwind, in den wenigen Ortsdurchfahrten drückt er dann nicht so stark herein. Ich sage mir: die Tour war ja niemals als Vergnügungs-, eher schon als Forschungsreise die eigene Resilienz betreffend angelegt. In einem der Straßendörfer, durch die ich komme, wird offenbar Hochzeit gefeiert, kurz höre ich Musik, es klingt nach Goran Bregović. Endlose Straße, knallende Hitze, ich bin in der Ebene des Banats unterwegs und fühle mich abwechselnd wie in einem Roadmovie und einem Film von Emir Kusturica, „Time oft the Gypsies“. In der Nähe von *Kovin* dann die dazugehörende Filmszene: Zwei schwer bepackte Fernradler tauchen am flimmernden Horizont auf, rollen mir entgegen, winken, grüßen, stoppen. Anne trägt ein türkisblaues Langarmshirt, Marcello ein oranges Trikot und beide schauen, im Gegensatz zu mir, unverbraucht, erholt, entspannt und glücklich aus, schließlich sind sie ja auch schon auf dem Heimweg nach Paris ... Die beiden fuhren im letzten Dreivierteljahr über Istanbul bis nach Zentralanatolien, jetzt wollen sie vor der endgültigen Heimkunft noch einen kurzen Abstecher nach

In sandiger Spur: Damm vor Ram (ganz o.)
Die Rampe wird präpariert: Fähre Von Stara Palanka nach Ram (o.)

Montenegro einschieben. Ich müsse, sagen sie, unbedingt nach Negotin, dort gebe es den besten Gastgeber ever. Die Stadt hatte ich bisher überhaupt nicht auf dem Radar, merke ich mir aber gerne, danke! Merci! Schnell noch ein Foto, dann reiten wir weiter. Und werden einander in diesem Leben wohl nie mehr wieder begegnen.

Als ich in *Kovin* auf einem schattigen Grasfleck mein frugales Mittagsmenü (Cola, Weißbrot, Käse und Kekse) einnehmen möchte, spricht mich ein älterer Mann an. *Du Esterreich?* In der nächsten halben Stunde erzählt er von seiner Flucht vor dem jugoslawischen Bürgerkrieg, von seinen Jahren in Schweden, seinem Job als Fernfahrer und seiner aktuell anhaltenden Liebe zu Linz. Hier herunten: *Nur Urlaub, Familie, bissl jagen.* In Linz aber hat er seine Freunde, seine Heimat, sein Leben.

Es wird immer schwüler. Ich trinke Wasser in großen Zügen und suche alle zehn bis 15 Kilometer für kurze Minuten ein Schattenplätzchen. Noch immer ist der Wind ruppig. Nach *Dubovac* und weiteren zehn Kilometern kerzengerader Straße erreiche ich den Donau-Theiß-Kanal. Von wo ich einen Abkürzer, nämlich den sandigen, oft kaum mehr fahrbaren Dammweg nach Stara Palanka nehme. Abwechslung ins Geholper bringt eine große Kuhherde. Gott sei Dank pfeift der Hirte seine beiden Hunde gerade noch rechtzeitig zurück, bevor sie ihre spitzen Zähne in meine Waden vergraben können. In der Ferne sehe ich jetzt Hügel, fast könnte man schon „Berge“ sagen. Ich vermute, es sind die ersten Vorboten des Eisernen Tores, die da am Horizont auftauchen.

Stara Palanka. Die Fähre von hier nach *Ram* am rechten Ufer fährt alle drei Stunden. Exakt in der Minute, in der ich bei der Anlegestelle einlaufe, läuft auch die klapprige Fähre ein. Wie gern hätte ich hier im schattigen Gastgarten noch einen ordentlichen Schluck und einen ebensolchen Happen genommen, aber natürlich ist es klüger, jetzt und nicht erst in drei Stunden zu fahren, schließlich ist mein Quartier drüben, im Süden. Damit die Autos überhaupt ohne Aufsitzer über die Rampe auf die Fähre fahren können, müssen zwei Fährmänner zum Niveauausgleich Sand und Schotter an die Rampe schaufeln, jede Fahrt aufs Neue, was schon einigermaßen anachronistisch anmutet. Neben mir auf dem Schiff hat sich ein Auto mit Wiener Kennzeichen eingeparkt. Von Wien bis hierher hätten sie neun Stunden gebraucht, sagt er. *Und du?* Zehn Tage, den Rasttag nicht mitgezählt. Wir plaudern, fotografieren einander, schauen aufs Wasser, sehen hinauf zur Festung von Ram und sind auch schon da. Schotter und Sand wird zur Rampe geschaufelt, dann erst dürfen wir an Land fahren.

Auch auf diesem Ufer gibt es direkt an der Fährstation ein Lokal. Pljeskavica mit Pommes, Paradeissalat und „Pivo veliki“ sind rasch be-

Ein Hauch von Adria: Blick von der Festung Ram auf den Donaustausee

stellt, dann erst frage ich den Wirt, wo bitte genau mein Quartier wäre. Mit großer Geste zeigt er hinüber ans andere, ferne, soeben erst verlassene Ufer: dort drüben. Stara Palanka drüben gehört zur Gemeinde Ram und hat die gleiche Postadresse, wer soll das wissen? Der junge Wirt schnappt kurz entschlossen sein Handy, ruft drüben an und erspart mir damit eine nochmalige Kreuzfahrt. Zwar sind die Gästezimmer im Obergeschoß seines Hauses noch nicht *ganz* fertig, aber Bett und Bettzeug wie auch das Bad sind benützbar. Dass noch einige Kabel unangeschlossen aus der Wand ragen, stört mich nicht. Sogar ein WLAN-Kastl organisiert mein Gastgeber in kürzester Zeit für mich. Das ist deswegen wichtig, weil ich in Serbien keine „mobilen Daten" verwenden kann, sondern auf Wi-Fi angewiesen bin. Eine serbische SIM-Karte habe ich zwar in Belgrad gekauft, setze sie aber nun doch nicht ein, weil ich sie einfach nicht brauche.

Hinaus ins Freie! Hunderte junge Leute haben den winzigen Ort im Handstreich in Besitz genommen, stürmen Richtung Ruine über dem Ort. Die von den Türken im 16. Jahrhundert erbaute Wehranlage wurde, so ahnt man, erst unlängst renoviert und ist jedenfalls ein guter Aussichtsplatz, von dem man den Strom von oben sieht, so wie vom

Kalemegdan-Park auch. Der Stau des hundert Kilometer stromabwärts liegenden Kraftwerks Đerdap 1 reicht bis hierher und noch weiter stromaufwärts, insofern ist die Donau hier um ein Vielfaches mächtiger und breiter als anderswo. Von hier heroben betrachtet sieht es ganz so aus, als blickte man, über der Steilküste Kroatiens stehend, auf glitzernde Adriawellen. Schade, dass ich kein einziges Wort verstehe, als die Führerin mit heller, lauter Stimme der Jugendgruppe Ort und Festung erklärt. Freilich dürften auch etliche der jungen Leute vom Vortrag herzlich wenig mitbekommen, denn sie sitzen am Geländer draußen, hoch über dem Wasser, rennen hin und her, lachen, tuscheln, necken einander. So viele junge, schöne, lebendige Gesichter. Nach und nach färbt sich der Himmel in der Dämmerung orangerot und spiegelt sich im Wasser.

Möwen und Schwäne tanzen auf den Wellen. Man könnte sagen, es ist kitschig schön hier. Das Gasthaus an der Fähre hat sich bei meiner Rückkehr bereits zum properen Strandlokal gewandelt. Ein junges Mädchen mit langem, schwarzem Haar läuft ans Wasser und posiert für ein Selfie. Als die Sonnenscheibe endgültig und wie in Technicolor im Donaumeer verglüht, bringt die Fähre nochmals vier Autos, ein Motorrad, einen Traktor und ein Dutzend Passagiere ans Ufer. Die Fährleute vertäuen ihr Gefährt für die Nacht und setzen sich an den Stammtisch zu anderen Dörflern. Die Busse mit den jungen Leuten sind abgefahren. Am serbischen Adriastrand ist es jetzt vollkommen still. Morgen: Eisernes Tor.

Schlaflos im Eisernen Tor

Etappe 22: Ram–Donji Milanovac

96 km, 590 hm, 1.066 km gesamt

Der Name allein flößt schon Ehrfurcht ein: „Eisernes Tor". Vieles liest man über die Gefährlichkeit der Passage durch dieses letzte große Durchbruchstal, über die Dramen, die sich bei der Befahrung der Donau hier einst abgespielt haben. Manches hört man auch über die aktuelle Straßenstrecke, jedenfalls: die Geschichte dieser 120 Kilometer zwischen *Golubac* und *Kladovo* am serbischen (beziehungsweise zwischen Stara Palanka und Drobeta-Turnu Severin am rumänischen Ufer) hat es in sich. Dichtung mischt sich mit Wahrheit, geografische und historische Fakten kollidieren mit subjektiven Wahrnehmungen, vor 150 Jahren ebenso wie heute. Nicht alle fanden die Fahrt durch die tosenden Strudel gleichermaßen spektakulär. Franz Grillparzer etwa nähert sich anno 1843 dem Eingang des Eisernen Tors mit wenig Respekt, dafür mit umso mehr Larmoyanz. *Ich bin überhaupt schon ganz dumm von dem ewi-*

gen Gestampf und Gepolter (der Dampfmaschinen, Anm.). Schon bei der Nacht hatte es heftig geregnet. [...] Wenigstens gibt es jetzt Berge an den Ufern und man ist der langweiligen Aussicht los. Er muss so wie die übrigen Passagiere der „Argo" routinemäßig in ein mit „Wallachen" bemanntes Ruderschiff wechseln, was ihn weniger stört als das schlechte Wetter. *Die Wirbel der Donau sind bei hohem Wasser wie jetzt völlig unbedeutend. Dafür war das Wetter elend. Regen, Wind, Kälte. Die äußerst schöne Gegend konnte für so viele Unbequemlichkeiten nicht entschädigen.*

Eine „äußerst schöne Gegend": Das war das Eiserne Tor damals und ist es auch heute noch, obwohl das Tal über Jahrzehnte und Jahrhunderte gewaltig, ja gewaltsam verändert wurde. Wie kaum sonst wo wurde hier gesprengt, gegraben, gedämmt, gewehrt, und umso größer ist das Erstaunen, dass das Eiserne Tor auch anno 2022 noch ordentlich beeindrucken kann. Ende des 19. Jahrhunderts sprengten und gruben zehntausend Arbeiter einen Dampfschiff-Kanal neben dem eigentlichen Bett der Donau aus dem Fels. Bergauf mussten die Schiffe aber immer noch von am Ufer schnaubenden Dampflokomotiven oder Vorspann-Schleppern gezogen werden. Bis dann Mitte der 1970er-Jahre der große Staudamm alles anders machte.

Die Nacht im kleinen Ram war – nach Städten wie Osijek, Novi Sad und Belgrad – eine wohltuend ruhige Abwechslung. Um punkt halb acht gehe ich wie vereinbart hinunter zum Frühstück. Kalte Buttermilch, erkaltetes Omelett, Paradeiser, Maisbrot, Schafskäse stehen auf der Terrasse bereit. *Kava?* Leider nein. Der Wirt ist nämlich noch lange nicht munter, das Omelett hat der junge Mann von gestern in seinem Privathaus angefertigt. Kaffeelos kämpfe ich mich die steile Uferrampe hinauf, kaffeelos verpasse ich wieder einmal eine Abzweigung und finde dann doch noch durch weite Felder und sanfte Hügel hinunter zum Donauufer. Ab *Zatonje* rollt man durch eine gepflegte Freizeitlandschaft, so wie wir sie auch in Österreich entlang einiger Donauabschnitte kennen. Zarter Dunst liegt über dem Wasser. Rechts des Weges ahnt man den Silbersee, eine abgeschnittene Donauschlinge, auch der Ort heißt so: *Srebrno jezero.* Es ist ein friedlicher Sonntagmorgen, Radwege und Strandpromenaden sind leer. Im Flüsschen Pek, das hinter *Veliko Gradište* in den Donausee mündet, wurde einst Gold gewaschen, für mich indes ist Goldes wert, dass hier, direkt an der Strandpromenade, ein feines Kaffeehaus geöffnet hat. *Dobro utro!* Blumentröge hängen am Geländer, der Schanigarten ist fein möbliert, die Hügel der Karpatenausläufer am nördlichen, rumänischen Ufer leuchten sanft und grün. Und von Süden schiebt sich langsam, aber sicher das serbische Erzgebirge ins Bild.

Bis *Golubac,* dem Ort mit der berühmten Festung aus dem 14. Jahrhundert, herrscht heitere Radreisestimmung. Der Eurovelo 6 zeigt sich

Bei Srebrno Jezero: Frachtschiff im Morgendunst (o. l.)

Starke Festung: Golubac (o.)

Donji Milanovac: Speisesaal des Hotels Lepenski Vir (ganz l.)

Panorama Richtung Nordosten (l.)

www.serbia.travel/de/vidi-srbiju

www.serbia.travel/de/upoznaj-srbiju/natur/die-natur schutzgebiete

www.urlaub-in-rumänien.de/de/uir/ausflugsziele-sehenswertes-das-eiserne-tor (rumänische Seite)

www.danube-pearls.eu/danube pearls/eisernes-tor-rumaenien (rumänisches Ufer)

plötzlich wieder, brav asphaltiert und glatt. So oder so ähnlich sollte er von Wien bis zum Delta ausschauen. Und warum eigentlich nicht?

Hinter Golobac aber ist's bald wieder aus mit Radweg. Die zahlreichen Warnungen noch im Ohr, ziehe ich den Reflektorgurt übers Trikot, montiere den Scheinwerfer und schalte das Hinterlicht auf „blinken". Dass ich den ersten dunklen Tunnel trotz Scheinwerfer quasi im Blindflug absolviere, ist eine andere Geschichte: Ich hätte besser doch die Sonnenbrille abnehmen sollen.

Entgegen aller Prophezeiungen wird mir auf den folgenden Kilometern größtmöglicher Respekt entgegengebracht. Ich höre, wie hinter mir ein Bus heranbraust, dann brav bremst und die paar Sekunden bis zum Tunnelausgang gesittet hinter mir herfährt. Überhaupt gibt's niemanden, der mich schneidet, blendet, mir in irgendeiner Weise zu nahe kommt. Vielleicht ist es der Sonntagvormittag, vielleicht ist's meine Adjustierung, vielleicht auch mein Trick, konsequent ein- bis eineinhalb Meter vom Straßenrand, vom Bankett, von der Leitplanke entfernt zu fahren. Autofahrer wie Buschauffeure warten mit dem Überholmanöver dann doch so lange, bis kein Gegenverkehr in Sicht ist. Und mir bliebe, wenn der Lkw oder der Sattelschlepper doch schon zu früh nach rechts ziehen sollte, immer noch ein bisschen Spielraum.

Nach dem ersten Tunnel kommt lange kein zweiter. Die Berge sind rasch hoch und eng geworden und noch immer bin ich ziemlich einsam. An wenigen Stellen kann man in kleinen Parknischen halten und fotografieren. Alles sehr easy. Es ist warm, aber nicht heiß. *Dobra,* ein kleines Dorf direkt am Ufer. Bis zum Bau der großen Staumauer standen die Häuser dreißig Meter tiefer, sie wurden überflutet und neu aufgebaut, so wie auch die Häuser aller anderen 17 Siedlungen im Eisernen Tor. Vor einem Haus weht die alte jugoslawische Fahne. Schon bin ich fast in *Lepenski vir,* wo bereits vor 9.000 Jahren Menschen siedelten, die neolithische Ausgrabungsstätte unten am Ufer lasse ich aber links liegen. Jetzt geht's bergauf, nicht wirklich steil, dafür aber lang. Die Sonne brennt auf den Buckel. Vom Parkplatz auf der Passhöhe (mit Sonnenschirm und Jausenbankerl) – sieht man die Donau tief unten zwischen den Felsen eingezwängt. Sie brodelt und zischt nicht so wie anno dazumal, doch der Blick ist immer noch überwältigend. Vor ein paar Kilometern habe ich meine ersten tausend Kilometer vollendet und irgendwo hier im Eisernen Tor liegt auch der „Stromkilometer Tausend". Also: noch tausend Kilometer bis zur Mündung nach Sulina.

Und jetzt eine geile Abfahrt! Der Stopp oben am Pass war zu schön, meine Aufmerksamkeit von der Szenerie betört: Bei der rasanten Talfahrt sehe ich das Warnschild rechts im Schatten *(Achtung, Baustelle)*

Donji Milanovac: Strandbad

viel zu spät und als ich zu den Bremsen greife, ist es auch schon geschehen. Mit einem großen Satz springe ich von der Asphaltfahrbahn über eine harte Fräskante auf rauen Schotter. Der Schlag ist heftig, kaum, dass ich das Rad halten kann, aber: Ich fahre noch, das Hinterrad zeigt keine Spur von einem Achter, weder Gepäckträger noch Speiche sind gerissen. Ich bremse mich im Schneckentempo zu Tal, das sich bald weitet und die Sicht auf *Donji Milanovac* freigibt. Schon wieder so ein aufgeräumter Ort. Ein Kreuzfahrtschiff liegt vor Anker, ein kleiner Trödelmarkt am Hafen bietet Kitsch und Souvenirs, das Schoko-Erdbeer-Haselnuss-Eis am Autobusbahnhof schmeckt wunderbar. Zwei Uhr nachmittags, ich habe alle Zeit der Welt für die drei „R“: Rast, Ruhe und Regeneration.

Hoch über Ort und Donau liegt mein aus der Tito-Ära stammender Hotelkomplex. Der Platz ist wunderbar, hat nur einen gravierenden Nachteil: Die hunderten pubertierenden Schülerinnen und Schüler, die ich gestern in Ram kennengelernt hatte, sind hier einquartiert. Ich bin einerseits überwältigt von dem riesigen Speisesaal mit den vielen hundert Sitzplätzen, der offenen, aus dunklem Holz gebauten Dachstuhlkonstruktion sowie den großen Panoramascheiben mit freiem Blick aufs Donautal, andererseits aber auch alarmiert. Dunkel ahne ich, was

mir da am Abend bevorstehen könnte, und bitte freundlich um ein Zimmer weit weg vom Jugendlager. Noch ist die Lage ruhig. Im Tagebuch notiere ich: *Alles großartig hier.* Womit ich nicht zuletzt auch das Fischlokal (Kafana Čarobna Ribica) meine, in das ich am Abend hineinfalle. *Riba, krumpira, paradajz, chleb.* Zur Feier des Tausenders und des Donaufischs trinke ich ein Glas Weißwein. Großartig!

Nachmittags war ich auch noch am Donji Milanovac Beach. Strandschirme, Sand und betonierte Stufen ins Wasser, eine Frau und drei Kinder schwimmen, ich aber tauche nur bis zu den Knien ein, freue mich über die klare Luft, den blauen Himmel und die blaue Donau, das Steinzeitmammut- und Dampfmaschinen-Denkmal und den Sonnenuntergang. Der alte Ort wurde bei Errichtung des Damms überflutet, der neue an dieser Stelle aufgebaut, man hält es kaum für möglich.

Das wäre jetzt ein schönes Ende des Kapitels und des Tages gewesen, aber nicht jeder gute Tag hat auch ein gutes Ende. Mein Zimmer liegt zwar am Ende des langen Ganges, aber gerade deshalb im Mittelpunkt des nächtlichen Geschehens, denn genau vor meiner Zimmertür befindet sich der Abgang in die Disco. Was ein ununterbrochenes Gerenne und Gekreische zur Folge hat. An Schlaf ist nicht annähernd zu denken. Ohropax ins Ohr und Kopfpolster über den Kopf: hilft alles

nichts, die Wände sind aus Papier und junge Menschen eben jung. Jeder Widerstand ist zwecklos und zum Scheitern verurteilt, Flucht unmöglich. Da muss ich durch. Gegen vier Uhr früh wird es leiser. Drei Stunden Schlaf gehen sich noch aus.

Dunkle Tunnels, tiefe Schluchten

Etappe 23: Donji Milanovac–Negotin

120 km, 680 hm, 1.186 km gesamt

Um sieben Uhr sitze ich ganz allein im 500-Personen-Saal. Ein fettes Omelett, dazu ein Getränk, das entfernt an Kaffee erinnert. Benommen von der harten Nacht halte ich Morgenandacht in einer jugoslawischen Kathedrale der Siebzigerjahre. Weiße Tischtücher auf fünfzig Tischen, rote Hussen auf 500 schweren Holzsesseln. Der alte Kellner in weißem Anzug und mit Fliege schiebt schon zum dritten Mal seinen quietschenden Servierwagen durch die langen Tischreihen zu mir her und kann sogar einige Worte Deutsch: *Noch Kaffee?* Sicher hat er Tito noch persönlich gekannt. Meine Verfasstheit ist labil. Der Schädel brummt und draußen beginnt es zu tröpfeln. Ich zittere, als ich um halb acht das Regenzeug auspacke und losfahre. Die Straße ist nass, der Spaßpegel tief. Aber bald regnet es nicht mehr und so komme ich ganz langsam auf Betriebstemperatur. *Polako, polako!* Die Straße führt vorerst flach um den kleinen Porec-Golf (Porečka reka) herum. Die Felsen steigen nun senkrecht aus dem Wasser und ich bin wieder voll konzentriert, denn nun sind sie wirklich da, die lange erwarteten unbeleuchteten Tunnels. Wobei heute noch weniger Autos unterwegs sind als gestern. Immer enger wird das Tal, die engste, nur 150 Meter breite Stelle beim Großen Kessel, der Obere Kazan, ist zu sehen, es schaut für Minuten wirklich so aus, als käme man hier nie und nimmer durch. Angeblich ist die Donau an dieser Stelle rund achtzig Meter tief. Der Donaupegel befindet sich bei rund sechzig Metern über dem Meer, was wohl heißt, dass der Grund des Stromes bis zu zwanzig Meter unter dem Meeresspiegel liegt. Zwar habe ich heute die Sonnenbrille nicht aufgesetzt, aber wirklich gut sieht man in den Tunnels auch so nicht. Trotz Vorderlicht bemerkt man Schlaglöcher und Wasserlacken meist zu spät. Die längste der finsteren Höhlen ist 370 Meter lang – da bin ich dann schon sehr froh, das Licht am Ende des Tunnels heil zu erreichen.

Die meisten Sehenswürdigkeiten des Đerdap-Nationalparks und damit des Eisernen Tores sind von der Straße aus nicht zu sehen, so auch die an die einstige Römerstraße erinnernde Trajanstafel, die tief unten an einer Felswand knapp über dem Wasserspiegel klebt. Oder das Felsenbild des „Decebalus Rex" auf der anderen, der rumänischen Seite, das ich erst bei der Heimfahrt vom Schiff aus sehen kann. Die Straße, sie gleicht einer Hochschaubahn. Einen halben Kilometer ganz dicht an der Donau, dann wieder fünfzig, hundert Meter hoch über ihr. Der Nebeldunst steigert die Stimmung ins Dramatische, die Ausblicke sind gewaltig. Auf Höhe des Kleinen Kessels, des Unteren Kazan, führt die Straße über den *Golo Brdo*-Pass, dessen Scheitelpunkt 200 Meter über dem Wasser liegt. Für wenige Augenblicke tun sich Sonnenfenster auf, dann nässt es wieder. Die schwere Nacht ist lange her, ich bin da, wo ich hingehöre. On the road. Unterwegs. *I was born under a wanderin' star.* Das Lied wird mir die nächsten Tage nicht mehr aus den Ohren gehen. Ich singe laut. *Wheels are made for rollin', mules are made to pack / I've never seen a sight that didn't look better looking back.*

Ich bin im Fahrrausch. Im Flow. Die Abfahrt vom Pass: ein Genuss, schnell und ohne Baustelle. In *Tekija* finde ich auf die Schnelle kein Kaffeehaus, *Orşova* liegt im Dunst, unerreichbar, auf der rumänischen Seite. Dort drüben begann, so liest man, früher der Orient, zumindest sahen das die Reisenden so, heute ist es ein Ort, von dem aus Wassertaxis und Ausflugsboote ins Eiserne Tor hineinfahren.

Der letzte Tunnel ist passiert, das Tal wird weit, der fünfzig Meter hohe Đerdap-Staudamm kommt in Sicht, sein Schleusenturm ist so hoch wie der Tower am Flughafen Schwechat. Kräne, Straßen und viel Beton. Hier könnte man ans rumänische Ufer wechseln, ich aber bleibe auf der

Enges Tal, steile Felsen: Das Eiserne Tor (ganz o.)
Negotin: Der Gastgeber ist ein Freund der Radfahrer (o.)

www.watertaxi-orsova.ro, Tel. +40 729194528, watertaxiorsova@gmail.com

www.serbia.travel/de/vidi-srbiju/st-dte/negotin

serbischen Seite. Drüben ist's flacher, aber die Route durch das östlichste Serbien und durch das angrenzende Bulgarien ist, so meine Vermutung, abwechslungsreicher als jene durch das walachische Tiefland.

Sights wie das römische Castrum Diana, die osmanische Festung Fetislam, auch den Brückenkopf der Trajansbrücke lasse ich aus. Die Füße sind schwer, ich spüre die Berge des Eisernen Tores, die durchwachte Nacht und zusehends bemerke ich auch ein Gefühl namens Hunger. So ein Glück, dass sich in der Fußgängerzone von *Kladovo* ein Schlaraffenland eröffnet. Gasthäuser, Geschäfte, Konditoreien und Bäckereien haben Tische, Bänke und Sonnenschirme auf die Straße gestellt, man weiß gar nicht, wo man sich niederlassen soll. Zwei Krapfen, zwei Kaffee und zwei Mineralwasser bitte! Kaum bin ich zurück aus der „Pekarna" an meinem Tisch, bin ich auch schon die Attraktion der Mittagsgäste rundherum. Alle reden hier deutsch. Vom Nebentisch fragt eine blonde Frau: *Woher kommen?* Ein Fliesenleger aus München ist auf Urlaub in seinem Heimatdorf. Alle kennen wen in Wien oder München oder Salzburg, der Kellner will möglichst bald nach Österreich auswandern und fragt, ob er dafür einen Impfpass braucht. Die Sonne brennt jetzt unverschleiert vom Himmel. Bevor ich noch bis zum Abend inmitten dieser freundlichen Gesellschaft sitzen bleibe, reise ich ab. *Muaß i denn zum Städtele hinaus.*

Eine große Flussschlinge, in der die Donau zuerst zurück nach Westen, dann ein Stück nach Norden fließt, schneide ich ab und fahre auf der Hauptstraße weiterhin steil bergauf und bergab, heute gibt's vermutlich Höhenmeterrekord. Getreide- und Sonnenblumenfelder machen sich breit, Mohnblumen blühen am Wegesrand. Nach der Dramatik des Eisernen Tores ist die Gegend hier herum nun herrlich unspektakulär. Obstbäume stehen in hohen Wiesen. Bei Brza Palanka setze mich ans Ufer. Die Donau, so scheint es, wird Kilometer um Kilometer breiter und behäbiger. Ich habe mich sehr an ihr Gesicht gewöhnt. Wenn ich für einige Stunden ihr Wasser nicht sehe, werde ich unruhig. Ich mag sie. Noch immer und immer mehr. Die Dörfer sind jetzt nochmals ruhiger als oben vor dem großen Tor. *I was born on a wanderin' star.* Wenige Kilometer vor meinem Tagesziel lege ich mich im Halbschatten eines Apfelbaums ins offene Gras, schließe kurz die Augen, höre nichts als Vogelgezwitscher. Die Welt ist gut zu mir! Kaum im Sattel und hinter der nächsten Kuppe macht es: *Hauhauhauhauhau.* Der Köter will nicht nur spielen, das ist mir in einer Zehntelsekunde klar. Aber mittlerweile habe ich schon Routine darin, die hinterhältigen Attacken wegzusprinteln; ich gewinne, wenn auch nur knapp.

Negotin. Die Provinzstadt liegt einige Kilometer landeinwärts, südlich von Đerdap 2, der letzten Staustufe vor dem Schwarzen Meer. Bis heute bin ich den beiden Franzosen von vorgestern für den Rat dankbar, das „Base Camp for Adventurers – Urban Guerilla“ als Nachtquartier zu nehmen: Von Bäumen und Büschen umwuchert, mit Holzveranda und Wintergarten, erinnert das Haus zwangsläufig an die Villa Kunterbunt und ist im Gegenteil zur gestrigen Jugendherberge eine Oase der Ruhe. Ivan, selbst ein passionierter Radfahrer, serviert zur Begrüßung Birnensaft aus eigener Produktion. Als er mir sein Rad zeigt, weiß ich: Er ist eindeutig besser ausgerüstet als ich. Das Zimmer mit Frühstück kostet 15 Euro, Camping ist nochmals billiger und der Garten ein reines Idyll. Wunderbares Serbien!

Im Laufe der Fahrt habe ich mir einen sehr disziplinierten Tagesablauf angewöhnt. Ich stehe in der Regel um sechs Uhr auf, packe meine Sachen zusammen und schnalle zumindest die Packtaschen nach Möglichkeit auch schon aufs Rad. Frühstück ist im Optimalfall zwischen sieben und acht und im Gegensatz zu den ersten Tagen setzte ich mich immer schon in Radhose und Trikot an den Tisch, was Zeit spart und niemanden stört. Start ist dann spätestens um halb neun, nach zwei Stunden mache ich eine erste kurze Pause, auf die Mittagsrast mit Kaffee und Strudel freue ich mich ab zehn Uhr. Ankunft am Tagesziel war bis jetzt meist zwischen zwei und vier Uhr nachmittags. Ist das am Vorabend über Booking.com bestellte Quartier gefunden, nehme ich vorerst einen Entspannungsdrink. Dann geht's ans Abladen und Duschen. In der „Zimmerstunde“ schreibe ich erste Whatsapp-Nachrichten an meine Frau und die Tochter, mache dann für eine halbe Stunde die Augen zu, um schließlich zum Nachmittags- bis Abendspaziergang aufzubrechen. Ich poste das Foto des Tages, beginne den Tag niederzuschreiben und plane die genaue Route für den nächsten Tag im Gastgarten oder daheim im Zimmer, in horizontaler Lage. Um 22 Uhr wird das Licht abgedreht, auch in meinem gemütlichen Extrazimmer in der Villa Kunterbunt im schönen Negotin.

Back in the Union

Etappe 24: Negotin (Serbien)–Widin (Bulgarien),

82 km, 650 hm,
1.268 km gesamt

Selbstgemachte Marmeladen, Säfte, Joghurt. So ein schönes Frühstück hatte ich noch nie. Noch schnell ein Selfie, ein Foto von Ivan, ein Foto vom Rad im Garten und eins vor dem Haus.

Die Ortstafeln um Negotin sind zweisprachig, bei den meisten ist der rumänische Name allerdings übersprayt. Was sagt uns das? Dass es auch hier Nationalisten gibt. Und weil es sonst eine gar zu kurze Reise hinüber ins bulgarische Widin wäre, plane ich für heute – Premiere! – einen richtigen Abstecher von der Direttissima ein.

Zwei Kilometer vor der bulgarischen Grenze biege ich also zu den Weinkellern von *Rogljevo* ab, ein empfohlenes Ausflugsziel. Es geht hier in der Gegend in etwa so turbulent zu wie in einem Weinviertler Ort hart an der tschechischen Grenze, Montag um halb elf Uhr vormittags, wenn Sie wissen, was ich meine. Weingärten sieht man hier am Rand des Weinbaugebiets der Negotinska Krajina nur vereinzelt, Heurigen- und andere Lokale fehlen vollständig; die „aromatischen und intensiv gefärbten Rotweine" muss ich wohl verkosten, wenn ich das nächste Mal hier in der Gegend vorbeikomme. Die Auffahrt zum „Pivnice", dem historischen Kellerdorf, hat geschätzte zwanzig Prozent, da muss ich erstmals absteigen und schieben. Eine Stunde nach meinem Abzweiger stehe ich dann inmitten einer Ansammlung von verfallenden Weinkellern, altersschwachen Scheunen, mehreren Stein- und Holzstadeln und zwei mit Ikonen verzierten Fassböden. Manche der Presshäuser haben ein neues Dach, andere keines, man sieht Wagen ohne Räder und Räder ohne Wagen, verrostende Pflüge und vermorschte Weinfässer. Kaum war das Freilichtmuseum eröffnet, begann offenbar auch schon wieder der Verfall. Woher sollen denn auch die Besucher kommen? Eine steinalte Frau mit Kittel und Kopftuch versucht, ihren krummen Rücken so gut es geht geradezubiegen; sie schaut mich von unten herauf stumm und mit großen Augen an. Meine Kontaktaufnahme *(Dober dan! Vino crno?)* scheitert kläglich, sie schüttelt nur stumm den Kopf und wendet sich wortlos ihren Weinstöcken zu.

Der Platz aber hat schon was. Hoch über Tal und Dorf, von Laubbäumen gut beschattet, mit Weitblick in die bulgarische Ebene: schlecht ist es da nicht. Aber ob es den vormittäglichen Abstecher wert war? Egal, jetzt muss ich den gleichen Weg zurückfahren und trete also aus der hügeligen Abgeschiedenheit zurück in die abgeschiedene Weite des serbisch-bulgarischen Grenzlands. Nein, ich bereue nichts, auch nicht diesen mit vielen Höhenmetern gespickten Ausflug ins Nowhereland.

Ich habe, bemerke ich nach dieser vormittäglichen Exkursion, auf meiner Fahrt bereits einiges gelernt. Zum Beispiel die Dinge so zu nehmen, wie sie sind. Der Weg ist das Ziel! Zu Beginn hatte ich ausschließlich das Ziel vor Augen und weniger den Weg. Schön, dass sich die Perspektive manchmal verschiebt. – Der *Timok*, ein praktisch unsichtbares Flüsschen, markiert die Grenze zu Bulgarien. Dort, wo dieses Bächlein in der Donau verschwindet, liegt das Land ringsum gerade noch 28 Meter über dem Meeresspiegel. 28 Meter! Und die Donaumündung ist noch immer viele hundert Kilometer entfernt. Die Grenze besteht aus einem kleinen Lkw-Parkplatz und einem putzigen Zollhaus; praktisch ohne Aufenthalt bin ich auch schon drüben und habe wieder festen EU-Boden unter den Rädern. *Back in the Union!* Ich hatte mir die bulgarische Grenzstadt *Bregovo* als prosperierendes Kleinstädtchen zurechtgemalt, mit Kaffeehäusern und Schanigärten, so ähnlich wie Negotin. Je höher die Erwartung, desto größer die Enttäuschung: Bankomat oder Wechselstube sind nicht zu finden. Niemand, der mir etwas zu trinken verkaufen möchte, geschweige denn zu essen. In einem kleinen Park mit Soldatendenkmal in der Mitte des Platzes lässt eine einsame junge Mutter ihren Dreijährigen über die Plastikrutsche rutschen. An den Lichtmasten rund um den riesigen Platz sind Lautsprecher befestigt. Hallo, ist da jemand? Kann mich jemand hören? Ein stummer Verkäufer in einem Zeitungskiosk wartet auf Kundschaft. Leben hier noch Menschen, und wenn ja, wovon?

www.bulgarien.org/widin.html

Dieser Ort, und das ist sein Pech, liegt im blinden Winkel, im äußersten Abseits Bulgariens, an der Peripherie der EU-Peripherie Bulgarien, des ärmsten Landes der reichen Union. Am Hauptplatz von Bregovo begreift man, was das heißt: periphere Lage. Der Stolz des Rathauses ist sein Uhrturm. Er ist hellgelb und dunkelrot gefärbelt, die Fahnen Bulgariens und der EU wehen nebeneinander, das ist es dann. Die Uhr muss man in Bulgarien eine Stunde vorstellen. Gleichzeitig scheint es so, als wäre die Zeit hier irgendwie stehengeblieben. Ein abgenutztes Wortspiel, tut mir leid. Die denkbar mürrische Kassiererin im schummrigen Gemischtwarenladen wechselt mir dann doch einige Lewa, damit ich bei ihr Cola, Brot und Schokolade kaufen kann. Auf der gegenüberliegenden Seite des Platzes sitzen ein paar alte Männer auf Plastiksesseln vor einer Trinkstube. Habe ich zuerst gar nicht gesehen! Es gibt türkischen Kaffee. Wenigstens das. Die Reise geht weiter, nun auf endloser, grenzenlos einsamer Landstraße. Nicht einmal ausgemergelte Hunde lauern auf fette Radfahrerbeute. Menschenleere Dörfer. Oft steigt die Straße einige Meter über den Donauspiegel empor, dann läuft sie wieder direkt am flachen Ufer.

Es ist bekannt, dass Bulgarien ein Auswanderungsland ist und die Donauprovinz hier rund um Widin in den letzten Jahrzehnten besonders viele Menschen verloren hat. Aber der unmittelbare Augenschein, die Stille ringsum berührt mehr als Statistiken und Tabellen. Im Wald- und Weinviertler Grenzsaum gegen die Tschechoslowakei war die Stimmung vor 1989 vermutlich eine ähnliche. Wobei heute, Jahrzehnte danach, dort auch nicht eben der Bär los ist. Schon eher der Wolf.

Widin kommt schneller als gedacht. Ich muss geflogen sein. Als Franz Grillparzer im September des Jahres 1843 in dieser Stadt durchkam, war er nicht eben bei bester Laune. *Morgens um fünf Ankunft in Widdin. Wir steigen aus. Ein paar recht gebildete mazedonische Griechen, die in Orsova zu uns gestoßen, führen den ältern Holländer und mich in die Stadt. Ein elenderes*

Widin: Ausblick donauaufwärts zur neuen Brücke nach Calafat (o. l.)

Osmanische Festung Baba Vida (o.)

In den Weinbergen von Rogljevo (ganz l.)

Stambol-Tor (l.)

Nest kennt die Erde nicht. Basar sozusagen. Straße der Fleischer. Furchtbares Pflaster. Steigen in den äußern Gang der Moschee empor. Der Tempel ganz leer. Widin war damals, so wie die gesamte bulgarische Donau, Teil des zerfallenden Osmanischen Reichs. 180 Jahre danach stellen sich die Dinge zum Glück doch etwas anders dar. Gutes Hotel, gute Rezeption, gutes Zimmer, gutes WLAN, Menschen auf den Straßen und manchen von ihnen kann ich mich sogar verständlich machen. Am Handy taucht eine Whatsapp-Nachricht mit unbekanntem Absender auf: Ein mir unbekannter Österreicher ist auch in der Gegend mit dem Rad unterwegs und kommt heute Abend nach Widin. Ein Date wäre nett, let's try! – Widin, bis ins 16. Jahrhundert die größte Stadt Bulgariens und wichtigster Donauhafen. Um das Jahr 2000 lebten noch knapp 60.000 Menschen hier, heute sind es gerade einmal 40.000, um ein Drittel weniger. Der österreichische Autor Karl-Markus Gauß beschreibt in seinem Erzählband „Zwanzig Lewa oder tot" die Stadt eindrücklich: *Der Hauptplatz war [...] fast menschenleer und übertrieb das Kulissenhafte seiner Anlage. Da standen, auf einem Platz, der für eine Metropole, nicht für eine Provinzstadt von 40.000 Einwohnern dimensioniert war, die wuchtigen Amtsgebäude der kommunistischen Ära, gebaut wie nach dem Handbuch für Materialvergeudung; verschwenderisch reich mit Beton ausgestattet waren sowohl das Hochhaus, in dem früher die Partei residierte [...] als auch das einstöckige Kulturzentrum, ein langgestrecktes Lagerhaus mit Pfeilern und Pilastern, als würde es notfalls das ganze kulturelle Erbe Bulgariens tragen müssen.* Der scharfsichtige Gauß fand *das Einkaufszentrum, so lieblos entworfen und billig hochgezogen, als gelte es, den Leuten die unselige Freude am Shoppen auszutreiben und den, der etwas kaufen will, von der moralischen Fragwürdigkeit seines Begehrens zu überzeugen,* ich aber bin ehrlich gesagt froh darüber, dass es hier überhaupt etwas zu kaufen gibt und dass ich auch etwas Brauchbares zu essen kriege. Während Gauß anno 2017 in der Stadt noch bettelnden Romakindern sowie *rauchenden und lachenden, übermütig winkenden oder verächtlich ausspuckenden* Roma begegnet, sehe ich weder in Widin noch sonst wo auf meiner Fahrt Bettler und auch kaum Roma. Das Zentrum Widins ist, wie das aller anderen Städte, durch die ich im Laufe der nächsten Tage kommen werde, weiß und westlich. Die Roma, man weiß es eh, leben in Dörfern und Plattenbauten weit draußen, Pferdewagen kann ich an einer Hand zählen.

Widin hat sich möglicherweise seit dem Besuch von Gauß zum Positiven verändert. Die Stadt wirkt sauber, aufgeräumt, stellenweise richtiggehend hübsch. Am Donauufer stehen noch etliche alte Bauwerke. Das Stambol-Tor oder Stambol kapia, ein Teil der alten osmanischen Befestigung mit einem Brunnen aus jener Zeit, ist ein stimmiger Platz. Zwei

Kreuzfahrtschiffe liegen im „Port Vidin". Direkt den Kai entlang läuft ein breiter, rot asphaltierter Radweg. Und dann vor allem und im Mittelpunkt: der Strom. Er, der immer war, er, der Strom, für immerdar. Er ist und bleibt mein Leitstrahl, an dem sich die ganze Reise ausrichtet. Steht man am Fluss und schaut Richtung Westen, sieht man die Brücke hinüber ins rumänische *Calafat* in der Sonne glänzen. Calafat. Bei meinen ersten Landkarten-Erkundungen der Donau-Strecke verzauberte mich der Name der Stadt. Jetzt bin ich nahe und doch so fern, weil: am anderen Ufer. Kommt der Calafati aus Calafat? War Calafat etwa die Heimat aller Gaukler, Spielleute und Varietékünstler, die dann als „Calafatis" nach Wien kamen? Leider falsch. Calafat war nie Gauklermetropole, sondern eine Metropole des frühen Bootsbaues, gegründet im 14. Jahrhundert von Kolonisten aus Genua, die sich auf die Kunst des Kalafaterns, des Versiegelns hölzerner Bootsrümpfe mit Lumpen, Pech, Harz, oder Teer, verstanden. Der Wiener Prater-„Calafati" hat seinen Namen dagegen vom Kettenringelspiel des italienischen Schaustellers Basilio Calafati. Bitte sehr! So viel Zeit zur Klarstellung musste sein und ich werde Calafat leider nicht sehen, zumindest nicht auf dieser Reise.

Das Telefon läutet, am anderen Ende der Leitung, wie man früher sagte, ist der andere Österreicher, der, wie er sagt, von einem gemeinsamen Instagram-Freund erfahren hat, dass ich „in der Gegend hier" unterwegs sei. Wir verabreden uns am Donauufer. Gemeinsam mit Ulrich kommt auch seine Partnerin Gudrun zum Treffpunkt. Die beiden „Bikepacker" sind auf ihren Rennrädern deutlich schneller als ich unterwegs, zu erzählen und zu besprechen haben wir einiges. Zu dritt spazieren wir stromaufwärts zur *Festung Baba Wida*. Wir umwandern dieses nationale Monument, die, so heißt es, besterhaltene mittelalterliche Anlage Bulgariens mit ihren wuchtigen viereckigen Türmen. Auf dem Rückweg kommen wir dann auch noch an der letzten erhaltenen Moschee Widins vorbei; sie und die Bibliothek daneben haben es wie durch ein Wunder geschafft, in der kommunistischen Ära nicht geschleift worden zu sein.

So rasch, wie sie aufgetaucht sind, so angenehm es war, mit Landsleuten zu plaudern, so schnell laufen Ulrich und Gudrun auch wieder zurück in ihr Hotel, sie haben sich für morgen deutlich mehr vorgenommen als ich. Der Abend ist lau, noch immer ist es hell. Ich stelle mich bei der Imbissbude im Donaupark für Burger und Pommes mit Schafskäse an. Papierteller, Plastikbesteck, Plastiksessel, Plastiktische, eine Flasche Bier und die Donau als Garnierung. Passt. Die zwei Kreuzfahrtschiffe fahren stromaufwärts. Schön.

Ein Dampfboot namens Radetzky

Etappe 25: Widin–Kosloduj

101 km, 640 hm, 1.369 km gesamt

War kein wirklich leichter Tag heute, werde ich abends in mein Tagebuch schreiben. Aber andererseits: auch keine Katastrophe. Doch alles von vorne. Das Frühstück im Hotel von Widin: Gibt's leider nicht. Die Suche nach einer Alternative dauert ihre Zeit, aber letzten Endes finde ich sie doch, die ideale Bäckerei, mit Cappuccino, Kipferln und Krapfen. Der Tag kann kommen.

Auf der engen Landstraße Richtung Lom röhren Pulks von Sattelschleppern an mir vorbei und manche nehmen es beim Überholen mit dem Seitenabstand nicht so genau. Plötzlich aber sind sie wie vom Erdboden verschluckt, keine Ahnung, wohin die Vierzigtonner alle abgebogen sind. Kette surrt, Maschine läuft und schon sitze ich in der Fußgängerzone von *Lom.* Bis jetzt waren mir die Bulgaren nicht allzu gesprächig vorgekommen, aber hier entwickelt sich ein längerer Smalltalk: Dass er nach zwanzig Jahren Arbeit in den USA gekündigt wurde und jetzt wieder zuhause in Lom ist und seine kranke Mutter pflegt und nicht weiß, wie das alles weitergehen soll, erzählt mir ein rund 55-jähriger Mann. Die Hälfte der Einwohner dieser Stadt, das lese ich erst später, sind Rom.

Ufer rauf, Ufer runter, Hügel auf, Hügel ab. Richtige Berge sind das nicht, aber es läppert sich zusammen und in Summe werden es heute knapp 700 Höhenmeter werden. Diese zweite Halbetappe hinter Lom, gerade einmal vierzig Kilometer lang, ist keine leichte. Die Straße wird immer gerader, immer langweiliger und vor allem wird es von Minute zu Minute heißer. *I was born on a wanderin' star.* Ich versuche mich abzulenken. Vielleicht hängt mein leichter Missmut mit dem Straßenzustand zusammen. Straßen mit einem derart schlechten Belag sollten in der Europäischen Union verboten sein. Verboten! Die vielen Schläge tun weh. So langsam war ich schon lange nicht. Zum Zeitvertreib spiele ich das Schätz-Spiel: Ich schaue bei einem markanten Punkt (zum Beispiel bei einer Ortsende-Tafel) auf den Kilometerzähler, der nach einigen Sekunden wieder verlischt. Dann fahre ich weiter und schätzte nach ein paar Minuten, wie weit ich gekommen bin. Was, nur drei Kilometer? – Möglicherweise haben sie die Schlaglöcher absichtlich in die Straße eingebaut, damit niemand auf die Idee kommt, nach Kosloduj zu fahren. Warum aber sollte niemand nach Kosloduj fahren? Weil dort das einzige AKW Bulgariens in der Landschaft steht. Die Luft flirrt, das Wasser wird knapp. Dreißig Grad, locker. Was eh nicht viel ist für die Gegend, aber ich mag keine Hitze. Aber auch keine Kälte. Ich mag das Mittelmaß. Sehr witzig. Unendliche Weite. Nicht unendlich, aber ziemlich.

Man darf, wenn man diese Reise zum Schwarzen Meer antritt, nicht glauben, dass hinter jeder Kuppe, hinter jeder Kurve eine landschaftliche Sensation lauert, ein Dreitausender seine Felszacken in den Himmel reckt, ein Krimmler Wasserfall in die Donau stürzt. Aber auch hier und heute gibt es wunderbare Plätze. Auf einem Aussichtspunkt kurz hinter dem Dorf *Gorni Tsibar* halte ich. Das Bild entschädigt mich für alle Mühen der Ebenen und Geraden. Der Strom liegt in epischer Breite unter mir. Die Felder ringsum sind sattgrün. Am dunkelblauen Himmel schweben feine Schäfchenwolken. Die Bäume neben der Straße wiegen sich im Wind. Im Gegenwind, aber man kann eben nicht alles haben.

www.bulgarien.org/kosloduj.html

Der Strom wird hier kaum mehr von Dämmen begleitet. Hinter dem Kraftwerk Đerdap 2 zwingt ihn keine Barriere mehr in eine strenge Form. Der österreichische Barde Hubert von Goisern konnte sich anno 2007 bei seiner Donaufahrt mit einem adaptierten Konzertschiff gar nicht genug über die neue Freiheit der Donau freuen: *Unreguliert fließt sie durch die immer flacher werdende Landschaft, breitet sich aus, lockt […] mit Badestränden und Idyllen, wie man sie aus der Malerei der Romantik kennt. Im flachen Wasser der Buchten stehen Rinder, dahinter Pferdefuhrwerke mit Heu, am Ufer Fischerboote […] die Ufer unendlich weit voneinander entfernt.*

Das mit der immer flacher werdenden Landschaft mag vom Schiff aus gesehen ja zutreffen, aber aus der Perspektive des Radsattels sieht die Sachlage doch etwas anders aus. Das Auf und Ab nimmt kein Ende. Autos fahren auf den zernarbten Straßen ebenso im wilden Zickzack wie ich. Wäre Schlaglochslalom olympische Disziplin, die Bulgaren hätten allerbeste Siegeschancen.

Meine liebsten Freunde und die schönste Abwechslung sind seit längerem Störche. In jedem Dorf krönen ihre Riesennester praktisch jeden Rauchfang. In einem dieser Storchenorte erschreckt mich ein lautes Geschepper, ich fürchte für Sekunden, dass sich irgendein Teil des Rads, Packtaschen, Kotschützer, Paketträger, was weiß ich, gelöst haben könnte, dabei es ist doch nur das aufgeregte Geklapper eines Storchs. Manche schweben wie Segelflugzeuge zur Landung ein, andere stehen Habt Acht in den Wiesen, der Rest kümmert sich in ihren Nestern um den Storchennachwuchs. Ich sehe sie wirklich gern.

Schon lange bin ich an keinem „Magasin", keiner Gemischtwarenhandlung mehr vorbeigekommen, und gerade als sich erste Anzeichen von Ermattung bemerkbar machen, kommt sie dann doch noch, die Abzweigung zum „touristischen Komplex" nahe Kosloduj, in dem ich für die Nacht gebucht habe. Noch ein letzter Hügel, dann führt eine schnurgerade, baumbestandenen Allee direkt zum kleinen Hotel direkt am Donauufer. Von „Komplex" keine Spur, aber am Pier liegt, romantisch anzusehen, ein uralter Dampfer, muss ich mir gleich anschauen!

КАЧВАНЕТО, КЪПАНЕТО
И РИБОЛОВА
НА ПОНТОНА СА
СТРОГО ЗАБРАНЕНИ!
КАЧВАНЕТО НА
ПОНТОНА
СТРОГО ЗАБРАНЕНО!
НЕ ВАЖИ ЗА СЛУЖЕБНИ ЛИЦА
ПОНТОН
№2

Die bulgarische Donau: Anlegestelle in Lom (l.); Panorama bei Gorni Tsibar (ganz o.)
Museumsschiff „Radetzky“ in Kosloduj (o.)

Doch „gleich“ oder „schnell“ geht hier gar nichts. Das Hotel in Bestlage hat offensichtlich Personalprobleme, die Rezeption ist unbesetzt. Ich streune im Haus herum, steige in den ersten Stock. *Hallo, ist da jemand? Ich würde bitte gern einchecken!* Aus den Tiefen des Hauses taucht eine Frau auf, mein erster Eindruck: Ich bin ihr suspekt. Was macht ein Fremder bei uns in Kosloduj? Ich bin müde und durstig und will nichts wie aufs Zimmer, doch die Frau kämpft mit ihrem Formular ebenso wie mit den lateinischen Buchstaben in meinem Pass. Nach ein paar Minuten, auch die beigezogene Kellnerin kann nicht helfen, schiebt sie mir das Blatt herüber: *Da, mach du!* In die Szene treten zwei Putzfrauen. Vier Frauen schauen mir jetzt mit großen Augen dabei zu, wie ich mich nun meinerseits abmühe, die kyrillischen Schriftzeichen am Formular zu entziffern. Ich schwächle echt. Und habe Angst, meine zwei Beine könnten mich bald nicht mehr tragen. Die Rettung naht in Gestalt des Hausarbeiters. Er spricht ein paar Worte Deutsch, nach einigen Vermittlungsversuchen seinerseits darf ich mich, das Gepäck und zuletzt auch das Rad aufs Zimmer schleppen. Die Sonne brennt durchs Fenster, im Raum hat es gefühlte vierzig Grad. Okay, geschafft! Oder doch nicht.

Als ich beginne, die Begrüßungszeremonie zu verdauen, und mich anschicke, ein Begrüßungsgetränk auf der Donauterrasse einzunehmen, ausgerechnet in diesem Moment packt ein Arbeiter die Schleifmaschine aus und beginnt, Lack von einem Sessel zu schleifen. Direkt neben mir auf der Terrasse. Nix ist’s mit dem hart verdienten Drink an der wundervoll ruhigen Donau. Mein Bitten bleibt unerhört. Natürlich muss nicht er, sondern ich das Feld räumen. Null zu eins. Ich flüchte, was bleibt mir übrig, hinunter zum Pier, zu diesem schönen alten Dampfboot namens „Radetzky“. Eine junge, korpulente Dame sitzt gelangweilt hinter der Kassa des Museumsschiffs. Kein Grußwort kommt ihr über die Lippen, kein freundliches Lächeln huscht über ihr finsteres Gesicht, sie sagt nur: *No photos!* und schaut dabei möglichst streng. Wo bin ich da gelandet? Im realen Sozialismus? Als ich meinen Schiffsrundgang beginne, ruft sie mir nach: *Handy yes!* Es erschließt sich mir nicht, was den Unterschied zwischen Fotoapparat-Fotos und Handy-Fotos macht, aber besser, ich frage nicht nach.

Das frisch lackierte Schiff läuft angeblich wirklich noch ab und zu aus. Wäre ich gern dabei, wenn sich die Schaufelräder drehen und das Gefährt in See oder, besser gesagt, in den Strom sticht. So wie es die „Radetzky“ lange Jahre, nämlich von 1851 bis 1914, gemacht hat. Das Schiff ist, so viel wird beim Rundgang klar, nicht das Original, sondern ein originalgetreuer Nachbau, aber nichtsdestotrotz ein nationales Monument, weil es 1876 von Christo Botew mitsamt einem Trupp bulgarischer Freiheitskämpfer gekapert wurde, die Kosloduj und anschließend gleich ganz Bulgarien von den Türken befreien wollten. Was freilich misslang, dem Helden Botew den raschen Tod, jedoch bis heute währende Verehrung einbrachte. Selbst Claudio Magris beugt sein Haupt vor ihm: *Der romantisch-revolutionäre Dichter […] dachte an eine gleichermaßen nationale wie soziale Befreiung, an einen brüderlichen Zusammenschluss aller Balkanvölker im Zeichen einer Religion der Humanität.*

In den 1970er-Jahren also wurde das Schiff in der Werft von Brăila nachgebaut, seit 1984 liegt die „Radetzky" in Kosloduj vor Anker. Zum Lärm der Schleifmaschine kommt jetzt noch das Gedröhn von zwei Jetskis, die sich draußen auf dem Wasser eine Wettfahrt liefern. Dazu ein auffrisiertes Auto mit brüllendem Auspuff auf dem Parkplatz direkt an der Donau. *Wroouuum. Wroouuum.* Subwoover auf Vollgas. Der Balkanrocksound fährt mitten in die Magengrube. Jetzt nehmen auch noch vier Motorräder neben dem Hotel Aufstellung. Wo bin ich da gelandet? In der realen Lärmhölle? Mir bleibt ein zweites Mal nur die Flucht. Ich radle die fünf Kilometer in den Ort hinein, decke mich bei Lidl mit Brot und Butter, Kuchen und Kirschenmarmelade für das Frühstück ein, trinke einen Cappuccino und esse Schokoladepalatschinken.

Heim zu meinem „Romantik-Hotel" fahre ich erst in der späteren Abenddämmerung. Wunder geschehen: Als ich ankomme, lärmen keine Autos, keine Motorräder, keine Speedboote und auch keine Schleifmaschinen mehr. Wie still und friedlich es hier sein kann. Es wird zuletzt doch noch ein guter Abend, fast so schön wie aus einem kitschig kolorierten Donau-Bilderbuch.

Einsam in Nikopol

Etappe 26: Kosloduj–Nikopol

141 km, 740 hm, 1.510 km gesamt

Die blonde Dame in den Mittvierzigern an der Rezeption will meine freundliche Bitte um eine Tasse Kaffee nicht hören, zündet sich stattdessen eine Zigarette an, beginnt zu telefonieren und geht mit einer Tasse Kaffee – ihrer Tasse! – nach draußen. Wo sie lange bleibt. Ich suche sie, bitte sie nochmals um eine Tasse Kaffee, sie geht zurück hinter die Budel, versucht mit dem zwischen Schulter und Ohr eingeklemmten Handy einen zweiten Kaffee zu drücken, was ihr misslingt. Nun verschwindet sie tonlos in der Kulisse. Kein guter Tagesbeginn! Ich hocke mich zum Couchtisch in der Lobby, schmiere Butter und Kirschenmarmelade auf Kringel und Baguette und erst nachdem ich mit meinem Marmeladefrühstück längst fertig bin, bringt mir die blonde Dame, noch immer telefonierend, einen halb gefüllten Pappbecher schwarzen

Nikopol: Steilufer mit Kreidefelsen

Kirche Sveti Petar und Pavel (ganz o.); das Tal bei Somovit (o.)

www.bulgarien.org/nikopol.html

Kaffee und möchte gleich 1,20 Lewa dafür kassieren. Ich bin, so viel ist klar, ein Eindringling, der das wohlgeordnete Arbeitsleben im einstigen Arbeiter- und Bauernparadies durcheinanderbringt.

I am on the road again. / I just can't wait to get on the road again. The life I love is makin' music with my friends / and I can't wait to get on the road again, singt Willie Nelson. Nichts wie weg von hier! Erst einmal umrunde ich im Respektabstand das AKW Kosloduj. Zu den römischen Ruinen von „Augusta" wäre es nicht weit, aber da ich mir heute 130 Kilometer vorgenommen habe, fahre ich doch über die schmale Ogosta und direkt weiter nach *Mizija*. Schöner Ortsname. Hunderte Lkw-Sattelzüge sind entlang der Landstraße an der Donau aufgefädelt, die alle, so reime ich mir zusammen, auf die Fähre von *Orjachowo* hinüber nach Rumänien warten. Auf die winzige Fähre passen maximal fünf oder sechs Lkw, wie soll das gehen? Die Gründe für den enormen Lkw-Stau erfahre ich erst später: Weil ukrainische Waren nicht mehr über Odessa und das Schwarze Meer ausgeführt werden können, sucht sich der Handel andere Ventile; eine der Ausweichrouten führt nun über Rumänien und Bulgarien nach Westeuropa.

Die Wiese am Uferberg hinter *Ostrov* ist ruhig und einsam und einladend, die mächtige Donau weit unten. Ich lehne das Rad an einen Baum und lege mich ins hohe Gras. *I am in love with my bike*, schreibe ich auf Instagram unter mein Foto. *I want to ride my bicyle! I want to ride my bike!* Ich singe, so laut es geht, in der bulgarischen Einsamkeit hört mich eh keiner. So ruhig und so leer wie heute war es überhaupt noch nirgendwo sonst und in *Zagrazhden* leben scheinbar überhaupt keine Menschen mehr. Flache Täler, weite, gelbe Felder, Hochplateaus, Föhren auf einer alten Sanddüne, oder ist es Lößß? Im nächsten Geisterdorf namens *Dabovan* steige ich wieder einmal ab, setze mich im Schatten des orthodoxen Kirchleins auf den Gehsteig und lehne mich an die Friedhofsmauer. Erst in *Guljanzi*, ein paar Kilometer landeinwärts, gibt's ein Magasin, geführt von einer steinalten Frau. Ein Bahnschranken senkt sich vor mir nieder. Ja gibt's denn das, ein richtiger Zug, hier in der Einöde?! Schon rattert die Diesellok mit klapprigen zwei Waggons an mir vorbei. Schließlich: die Ortstafel von Nikopol. 140 Kilometer waren es heute, ich bin gar nicht richtig erschöpft, sondern nur durstig. Und neugierig auf den Ort, der wie die meisten größeren Siedlungen an der unteren Donau auf römischen Fundamenten aufgebaut wurde. Nikopolis, so weiß der Historiker Michael W. Weithmann, war im ausgehenden 15. Jahrhundert eine prächtige osmanische Burgsiedlung, *erhob sich als gewaltige Festung von 26 Türmen auf der Hochebene des rechten Donauufers*. Anno 1396 schlug genau hier Dogan Bey, genannt „der Blitzstrahl", König Sigismund von Ungarn und mit ihm das gesamte christliche Abendland vernichtend und brachte damit die „Pulgray“ für knapp 500 Jahre – bis 1877 – unter osmanischer Herrschaft. Erst dann wurden die Türken von den Russen besiegt, ein Meilenstein auf dem Weg zur bulgarischen Unabhängigkeit. – Die letzten fünfzig Kilometer hatte ich still vor mich hingeträumt, sah mich hier gemütlich am Donauufer sitzen und eines von vielen möglichen Quartieren beziehen; vorab reserviert hatte ich ausnahmsweise nicht, was mir gleich einmal Sorgen bereitete, denn Nikopol besteht, so sehe ich etwas enttäuscht, aus einigen Mietskasernen, Wohnblocks mit brüchigen Fassaden, am Hang verstreuten kleinen Einfamilienhäusern und sonst: nichts. Nirgendwo am Donauufer, auch nirgendwo oben am Hang, ist so etwas Ähnliches wie ein Lokal zu sehen, nur rechts, etwas abseits der Straße an den Hang versetzt, ragt ein Betonbauwerk mit der Aufschrift „Hotel Gold“ in den Himmel. Da will ich rein! Nur leider ist das Tor verschlossen. Ich klopfe an die verstaubte Scheibe, rüttle an der Tür. Niemand da. Es ist halb fünf Uhr nachmittags, der nächste brauchbare Ort – Belene – rund vierzig Kilometer weit entfernt. Ich habe Hunger und Durst und eine aufkeimende Panikattacke. Als ich ziemlich ratlos wieder auf meinen Gaul steigen will, höre ich von hinten einen klagenden Ruf. *Halo! … Halo!*

Ein weißhaariger alter Mann gestikuliert heftig, winkt mich zu sich zurück und ich verstehe seine Zeichensprache gern: Ich bin willkommen. Das Zimmer kostet 50 Lewa, runde 25 Euro mit Klima! Und Frühstück! Wieder bin ich der einzige Besucher, aber der Gegensatz zu gestern könnte größer nicht sein. Der alte Mann, offensichtlich hat er bis vor einer Minute geschlafen, bemüht sich herzlich um mich und gestaltet den Aufnahmeprozess denkbar einfach. Er will mir sogar das Gepäck aufs Zimmer tragen: Gastfreundschaft tut gut. Im Ort finde ich dann doch noch einen Laden, in dem ich Brot, Oliven, Kirschen, Käse, Salzgebäck und Wasser kaufe, ich bin wieder einmal gerettet. Am Donauufer steigen kalkige Steilwände senkrecht hoch; es schaut hier fast so aus wie in Dover am Ärmelkanal. Die Türken segelten einst mit ihren Schiffen von Istanbul bis hierher, im 21. Jahrhundert aber ist das Ufer verwaist und die Stadt ziemlich tot. Kein Schiffs- und sonstiger Verkehr, nix. Gar nix.

Etwas später zurück im Hotel „Gold“ hat sich die Szenerie deutlich geändert. Vier Frauen sitzen am einzigen Tisch auf der Terrasse des Hotel-Restaurants und essen Salat. Ich vermute, es handelt sich um Köchin, Kellnerin und zwei Freundinnen. Bedient werden die Damen vom alten Mann, der während meiner Abwesenheit in eine Kellnerjacke geschlüpft ist. *Da, da!* Auch für mich gibt es Abendessen! Schon trägt er einen zweiten Tisch auf die Terrasse, putzt ihn mit Desinfektionsmittel und bringt die Speisekarte. Kocht er auch selber? Gern hätte ich mich zu den kichernden Damen gesetzt, doch sie würdigen mich keines Blicks, also esse ich mein Abendmenü – Shopska Salat, Pommes und Burger – alleine. Die Frage, wie dieser Hotelklotz samt Restaurant im verlassenen Nikopol überleben kann, bleibt unbeantwortet, aber Hauptsache, ich habe gut gegessen, ein ruhiges Zimmer und warmes Wasser, eine Dusche und ein ordentliches Bett. Und Aussicht auf ein ebensolches Frühstück, hoffentlich.

Die Auferstehung der Römer

Etappe 27: Nikopol–Swischtow

60 km, 300 hm, 1.570 km gesamt

Der alte Mann wartet in der Lobby schon auf mich; zum Frühstück präsentiert er mir ein Sandwich mit fetten Wurstschnitzeln und einem Stück Käse. Merci! Überwältigt von der Fürsorge setze ich mich an einen der Tische, schmiere die aus Kosloduj mitgebrachte Marmelade aufs Brot und packe die deftigen Sandwiches ein. Erst jetzt sehe ich, dass der gute Geist des Hauses im Frühstücksraum auch sein notdürftiges Nachtlager aufgeschlagen hat. Der alte Mann und sein Hotel. Er winkt mir nach, als ich aufs Rad steige, ich winke zurück und trete los: Direkt im Ort beginnt eine lange Steigung. Ich fahre hinein in dichter werdenden Nebel, bald muss ich Vorder- und Rücklicht einschalten. Komisches Wetter heute! Flott erreiche ich *Belene.* So weitläufig ist der Park, so pompös die Allee, so nett das kleine Café, so famos der Cappuccino und so sympathisch die Kellnerin mit ihrer feschen roten Kunstlederjacke, dass man meinen könnte, in einem properen Kurort gelandet zu sein. Endlich wieder ein bisschen Leben, das tut gut. Der weite, von hohen Bäumen bestandene Park der Stadt ist in mehreren Ebenen angelegt, alle hundert Meter fährt man über betonierte Rampen auf die tieferliegende Fläche oder steigt über einige Stufen hinunter. Überwältigt von der Großzügigkeit des Parks und dem leuchtenden Blau eines Kiosks, den ich durch das Halbdunkel der Bäume allerdings nur undeutlich wahrnehme, übersehe ich eine dieser Geländestufen und fahre nicht über die Rampe, sondern über sechs Stufen bergab. Dass ich dabei nicht stürze, grenzt an ein Wunder, und immer wieder erstaunt mich, was mein Gaul alles aushält.

Das Geheimnis der relativen Lebendigkeit des Ortes ist rasch gelüftet: An einem Seitenarm der Donau, auf einer vorgelagerten großen Insel, befindet sich ein großes Gefängnis, ein Ort mit Geschichte: Hier hatten die Kommunisten nach 1944 ein Arbeitslager eingerichtet. Tausende vor allem politische Häftlinge waren inhaftiert, hunderte starben. Das einstige Straflager und heutige Gefängnis sorgt bis heute für Beschäftigung vieler Bewohner. Dass die Donaulandschaft mit ih-

Kiosk in Belene: Relikt einer alten Zeit (ganz o.)
Ein ernster Job: Fährmann in Swischtow (o.)

www.bulgarien.org/svischtov.html

Bisweilen Bootstouren zu Donauinseln bzw. nach Zimnicea (ungesichert)

ren Seitenarmen, Auwäldern, Überschwemmungsgebieten und Inseln nebenbei auch ein Naturschutzgebiet ist, spielt für das Fortkommen der Menschen hingegen kaum eine Rolle.

Was sieht man sonst in Belene? Einen riesigen Appellplatz, aus den Siebzigerjahren übrig gebliebene Wohnblöcke und Plattenbauten. Die Häuser sind genauso grau und braun, wie sie es vor vierzig Jahren waren. Nirgendwo wird gebaut oder renoviert.

Daneben ist Belene auch so etwas wie das bulgarische Zwentendorf: Das fast fertig gebaute AKW ist nie in Betrieb gegangen, der Komplex aber ebenso wenig attraktiv wie die weitere Route: Gestrüpp, Auwald und ein hoher Damm versperren den Blick auf den Seitenarm der Donau, an dem ich laut Landkarte nun direkt entlangfahre. Die Straße wird noch schlechter, als sie es bislang schon war. Aus den Ritzen der Betonplatten wuchert meterhohes Unkraut, aus dem Fahr- wird ein miserabler Feldweg. Dornige Äste und Zweige schlagen einem ins Gesicht. Irgendwann, irgendwo mündet der Weg durchs bulgarische Outback dann doch wieder in eine brauchbare Straße.

Schon kurz nach meiner Au-Expedition stehe ich auf dem großen Hauptplatz von *Swischtow.* Zwei Gemeindearbeiter sind damit beschäftigt, die mit gelben Stiefmütterchen bepflanzten Beete zu gießen; einer der beiden bittet um ein Selfie mit mir. Wir lachen, versuchen zu reden, verstehen einander nicht, lachen wieder. Ich frage ihn nach dem Hotel, da strahlt er übers ganze Gesicht: Das *Hotel Dunav* steht groß und unübersehbar am anderen Ende des Platzes, nix wie hin und hinein. Die junge Frau, die da im winzigen Rezeptionskammerl logiert, ist eine Seele von einem Menschen. Mein Haibike kriegt einen Extraplatz in der Abstellkammer und ich sofort ein gutes Zimmer. Ich lasse mich noch im Trikot aufs Bett fallen und schlafe auf der Stelle für eine halbe Stunde ein.

Dann aber: Stadtexkursion! Ich steige auf den Festungshügel, der sich zwischen Stadt und Donau aufbaut; von oben sieht man wunderbar auf den Strom und die Hafenanlagen. Ein fester Weg führt vom Amphitheater ganz oben hinunter zur Donau; auf einem Stück Wiese vergnügt sich eine Gruppe von Studentinnen und Studenten bei einem Spiel, dessen Regeln ich nicht verstehe. Da hätte ich jetzt gern mitgespielt, so jung und fröhlich, wie sie über die Wiese laufen. Ja, die Stadt ist lebendig, es gibt ein Universitätsinstitut hier, das spürt und sieht man gleich. Eine überdachte Fußgängerbrücke führt ins Hafengelände, wo sich vier alte Kräne wichtig machen; der Hafen ist der drittgrößte Donauhafen Bulgariens. Auch hier wartet eine lange Reihe von Sattelschleppern auf die Überfuhr nach Rumänien, und weil man eben manchmal dumme Ideen hat, kaufe ich mir eine Fahrkarte für die Fähre. Sicher, so weiß ich zwei Stunden später, wäre es um einiges

Spaß muss sein: Gemeindearbeiter in Swischtow

netter gewesen, in der Stadt zu bummeln und sich in ein Studentenlokal zu setzen, aber nein, ich begebe mich gemeinsam mit fünf Lkw-Sattelzügen, ihren Fahrern und vier Pkw-Besatzungen auf die Fähre und mit ihr ans andere, rumänische Ufer. In dem Augenblick, da die Fähre ablegt, setzt feiner Sprühregen ein. Wem soll ich's klagen? Alles, was ich bei meinem rumänischen Landgang sehe, sind ein paar Container, Trucks, sind Zöllner und die Donau, die heute so grau ist wie der Himmel über ihr. Zimnicea, die rumänische Uferstadt, ist von der Anlegestelle nicht einmal zu erahnen. Immerhin bin ich jetzt am südlichsten Punkt Rumäniens, auch am südlichsten Punkt des gesamten Donaulaufs. Sensationell, nicht?

Die Fähre stammt – nebenbei erzählt – offenbar und so wie praktisch alle Fähren zwischen Bratislava und Brăila aus der Frühzeit der bemannten See- und Flussfahrt. Es ist ein Wunder, dass ihre Maschine immer noch anspringt und sie noch nicht untergegangen ist.

Kaum bin ich glücklich zurück im schönen Swischtow, höre ich Trompeten- und Fanfarenklänge. Da muss ich hin! Am Ostende des langgestreckten Parks stehen hunderte Schaulustige, die Feuer- und Lichtshow hat soeben begonnen, endlich was los! Weiß gewandete Vestalinnen tanzen und jonglieren, werfen Fackeln in die Luft und das Publikum sagt *Ahh!* und *Ohh!*.

Flankiert wird die Open-Air-Show von einer Komparsen-Kompanie in purpurroten römischen Uniformen. Swischtow feiert sich und seine römische Vergangenheit, vielleicht auch deshalb, weil sich wenige Kilometer östlich der Stadt die Reste des Lagers Novae befinden. Das ab dem 1. Jahrhundert n. Chr. ein wichtiger römischer Stützpunkt an der unteren Donau war. Und jetzt feiern die Römer Auferstehung: Die mit Helmen und Lanzen bewehrten, in rote Tuniken gekleideten Soldaten marschieren im Kreis; nach einer knappen Stunde fire & light setzten sie sich, gefolgt von einer Publikumsschlange, Richtung Festungshügel in Bewegung. Ich hätte schon Lust mitzumarschieren, zweige dann aber doch Richtung Hotel ab und falle wenig später in mein weiches Bett. Morgen geht es nach Ruse. Eine Stadt, auf die ich mich seit längerem freue, auch deshalb, weil ich – am 18. Tag der Reise – dort meinen zweiten Rasttag einzulegen gedenke.

Elias Canetti und eine schöne Frau

Etappe 28: Swischtow–Ruse

96 km, 500 hm, 1.666 km gesamt

Ich möchte am liebsten schon in Ruse sein und Rasttag feiern, doch alles braucht seine Zeit. Die Straße nach Osten, denke ich, werde ich auch ohne Navi leicht finden. Denke ich. Als ich nach fünf Kilometern noch immer nicht die Donau sehe und der Name des Ortes, in den ich jetzt einfahre, definitiv nicht auf meinem Spickzettel steht und mir ein Mann auch noch glaubwürdig versichert, dass ich falsch bin, drehe ich um. Alles, was ich zuletzt so schön bergab gerollt bin, trete ich jetzt bergauf. Mensch ärgere dich nicht, Shit happens – es wird nicht der größte Shit dieses Tag gewesen sein. Ich sehe die Ruinen von Novae, jetzt bin ich wieder auf Kurs, schön, aber leider beginnt es zu tröpfeln. Regenjacke an, dann wieder aus, und als es dann ohne Gnade dauerregnet, ziehe ich sie für den Rest des Tages nicht mehr aus. Bleigrau, Hellgrau, Dunkelgrau, der Himmel zeigt sämtliche Grau-Seiten, es schüttet einmal weniger und dann wieder mehr, die Lacken auf dem Asphalt werden größer und tiefer. In *Cenovo*, bereits völlig durchnässt, kriege ich im „Magasin" heißen Kaffee. Und Kekse! Trete wieder vors Lokal, schaue aufs Rad und sehe: irgendwas ist anders als sonst. Der Sack am Gepäckträger hat sein Volumen verringert. Meine schöne blaue Windjacke ist weg, ebenso der Rucksack, der sich bei meinen Stadtwanderungen so gut bewährt hat. Die stille Hoffnung, dass in den nächsten Sekunden ein Auto neben mir stehen bleibt, sich das Fenster öffnet und der Fahrer freundlich fragt, ob ich „das da“ (und er zeigt mir Windjacke und Rucksack) verloren hätte, erfüllt sich nicht. Ich tröste mich: Das Rad ist okay, ich bin okay, die wichtigen Sachen habe ich noch. Intelligent sein, so habe ich meiner Tochter immer gepredigt, heißt, sich möglichst rasch auf neue Situationen einzustellen. Ich versuche jetzt, intelligent zu sein und mich möglichst wenig zu ärgern.

Für Minuten glänzt die Sonne als matte Scheibe durch den Regenschleier, dann wird's schon wieder finster. Viel Wasser ist auf der Straße. Es rinnt von den Hängen auf den Asphalt, an manchen Stellen ist der Belag schmierig. Nur jetzt keinen Ausrutscher! *Am Tag, als der Regen kam.* Schön, dass mir immer passende Lieder einfallen. Auf die dürstenden Wälder. Auf die Wiesen und Felder. Oder passt es doch nicht? *Heißersehnt, hocherfleht* war er ja nicht, der Regen, der da in beängstigender Dauerhaftigkeit auf mich niederkommt. Ein guter Freund sagt immer, um am Leben zu bleiben, muss man *raus aus der Komfortzone.* In solch einer Zone befinde ich mich im Moment beim besten Willen nicht, und ja, so bleibe ich hoffentlich lange am Leben.

Ich fahre durch ein Föhrenwäldchen. Nadelholz, ein ungewohnter Anblick. In den Schuhen steht das Wasser, nichts an mir ist trocken, aber was soll ich machen außer weiterfahren! Gerade als sich der Dauerregen zu einem Starkregen auswächst, kann ich mich in *Dve Mogili* in ein Buswartehäuschen flüchten. Es schüttet jetzt wie aus Schaffeln, ich habe noch 35 Kilometer bis nach Ruse, zwei Gepäcksstücke weniger als heute früh und dementsprechend miserable Laune. Zitternd vor Kälte, Ärger und Frust wechsle ich das nasse Trikot gegen trockene Wäsche, suche und finde in den Packtaschen ein trockenes Paar Socken und stopfe mir dann zum Trost ein Stück der Käsepita in den Mund, die ich gestern Abend noch auf Reserve gekauft hatte. Noch immer zitternd studiere ich die Landkarte und sehe: Es gibt in diesem feuchten Ort eine Bahnstation. Es fahren angeblich Züge, richtige Züge! Und sicher auch nach Ruse. Menschen mit Regenschirmen hasten an meinem Unterstand vorbei und würdigen mich keines Blickes. Ich finde ja, dass ich etwas Mitleid mehr als verdient hätte, aber niemand nimmt meine jämmerliche Existenz zur Kenntnis. Kein tröstender Gruß, keine aufmunternden Worte, nichts. Wenn in diesen Minuten ein Pickup stehengeblieben wäre und mich der Fahrer gefragt hätte, ob ich und mein Rad vielleicht nach Ruse mitfahren wollten, ich hätte ja gesagt.

Aber da auch diesmal kein Wunder geschieht, hocke ich nach eine Viertelstunde noch immer in dieser verdammten Wartehütte und harre auf besseres Wetter. Einige Minuten lang überlege ich, für heute Schluss zu machen, ein Zimmer zu suchen, dann aber setze ich doch

Die Donau, ein Handelsweg: Frachtkähne in Ruse

MS MURA

wieder den Helm auf, ziehe die Gamaschen über die gut durchweichten Schuhe und trete hinaus aus der kleinen Stadt. Noch immer ist es bergig; und nach einer halben Stunde Regenpause kommt unbarmherzig der nächste Guss. Die Festung *Tscherwen* und die Felsenkirchen von *Ivanovo* liegen ganz nah in einem Tal, im Naturpark *Rusenski Lom,* man müsste nur steil hinunter und dann wieder steil bergauf und dann aber auch wieder zurückfahren. Leider, Abstecher sind heute noch weniger drin als sonst. Ich möchte nur noch ins Trockene. Dass es den Hunden bei diesem Hundewetter offensichtlich besser geht als mir, dass mich zwei widerwärtige Köter so lange jagen, bis ich vor Erschöpfung fast vom Rad kippe, das passt auch gut zu diesem wenig spaßigen Tag. Je näher ich Ruse komme, desto tiefer werden die Schlaglöcher, desto größer die Lacken auf der Straße. Randvoll angefüllt mit Wasser sieht man nicht, wie tief die Krater tatsächlich sind; manche sind wirklich sehr tief. In Senken haben sich quer über die ganze Fahrbahn reichende Teiche gebildet. Nur jetzt keinen Sturz! Ich bin angespannt wie schon lange nicht, der Nacken schmerzt wie nie zuvor. Kurz vor *Ruse* wird die Straße dann vierspurig. Denn die „Perle Nordbulgariens", das muss man wissen, ist eine richtige Stadt. Widerspruchslos folge ich meinem Garmin und stehe nach zwanzig Minuten an der Hotelpforte. Ich muss ein bemitleidenswertes Bild abgegeben haben, denn so schnell war ich noch nie eingecheckt. Vom Helm bis zur Hose mit Schlammspritzern gesprenkelt taumle ich ins Zimmer und kurz danach unter die Dusche.

Als ich eine halbe Stunde später den Garmin anstecken will, bleibt der Ladestecker auch nach hektischer Suche unauffindbar. Es ist Samstagnachmittag, ich habe keine Ahnung, wie lange hier die Geschäfte geöffnet haben. Ganz ruhig! Mein Hotel liegt fast direkt an der Shoppingmeile; schon im zweiten Handystore kriege ich mein Landegerät. Im Sportgeschäft gegenüber finde ich wenig später sogar einen neuen kleinen Rucksack. Und als ich beim nächsten Platzregen in ein Computergeschäft flüchte und mir der Ladenbesitzer unaufgefordert seinen Regenschirm schenkt, bin ich schon schwer in Ruse verliebt.

In einer Regenpause laufe ich hinunter zum Ufer, treffe endlich meine lange vermisste große Liebe wieder. Die Kaimauern sind hoch, das Wasser ist so grau wie der Himmel. Die Donau aber breitet sich in majestätischer Ruhe vor mir aus. Sie fließt hier vielleicht noch mit zwei bis drei Stundenkilometern, kein Wunder bei einem Gefälle von nur vier Zentimetern auf einen Kilometer.

Zentrum von Ruse ist unzweifelhaft der riesenhaft große Freiheitsplatz, plostad Svoboda, laut Reiseführer *wahrscheinlich größter und schönster Platz des ganzen Landes.* Ich gehe auf Nummer sicher, setze mich ins größte und schönste aller Restaurants, in dem auch die meisten (und natürlich allerschönsten) Gäste sitzen. Und schlinge in mich hinein: Reis mit Gemüse, gebratene Pfefferoni mit Schafskäse und zum Abschluss eine Nutella-Lasagne. Großartig! Die Kellner laufen ungewöhnlich schnell, in der kleinen Weltstadt Ruse weht der Wind der neuen Zeit. Es regnet schon seit eineinhalb Stunden nicht mehr, morgen ist Rast- und Sightseeingtag und ich bin schon wieder gut drauf. Ruse liegt am Stromkilometer 500. Bis zur Delta-Stadt Tulcea sind es noch fünf, vielleicht sechs Fahrtage. Das sollte machbar sein.

Ruse, zweiter Rasttag

Das Gewitter in der Nacht ist heftig, und als um drei Uhr früh der Strom ausfällt, wird mir ein bisschen bange. In der Früh aber fließt der Strom ebenso brav aus der Steckdose wie das Wasser aus der Dusche und die Donau in ihrem Bett. Noch vor dem Frühstück (*first things first* hat ein früherer Chef immer gepredigt) suche ich den Radraum, um mein Gefährt etwas zu loben und zu pflegen. Ich wische den ärgsten Dreck vom Rahmen, putze und öle die Kette (das kann sie gut brauchen), wickle ein Stück Textilband um den Bowdenzug des Gangseils, weil ich Angst habe, er könnte knicken, kontrolliere die Schrauben des Gepäckträgers. Man weiß ja nie und sicher ist sicher.

Ruse. Auch Rousse. Oder Russe. Früher Rustschuk. *Rustschuk, an der unteren Donau, wo ich zur Welt kam, war eine wunderbare Stadt für ein Kind, und wenn ich sage, dass sie in Bulgarien liegt, gebe ich eine unzulängliche Vorstellung von ihr, denn es lebten dort Menschen der verschiedensten Herkunft, an einem Tag konnte man sieben oder acht Sprachen hören,* schreibt Literatur-Nobelpreisträger Elias Canetti über seine hier verlebte Kindheit. *Außer den Bulgaren, die oft vom Lande kamen, gab es noch viele Türken, die ein eigenes Viertel bewohnten, und an dieses angrenzend lag das Viertel der Spaniolen, das unsere. Es gab Griechen, Albanesen, Armenier, Zigeuner. Vom gegenüberliegenden Ufer der Donau kamen Rumänen … es gab vereinzelt auch Russen.* Canetti wuchs in der Boomphase von „Little Vienna" auf, einer Stadt, die so wie die meisten Donaustädte bis dahin vor allem Übergriffe, Überfälle, Schlachten, kriegerische Auseinandersetzungen, Demütigungen und Schreckensherrschaften erlebt hatte. Doch ab dem Ende der 500-jährigen türkischen Herrschaft wurde hier eifrig im Stile von Paris und Wien gebaut, die Stadt schwang sich zum Verkehrsknoten empor und war bald kulturelle Hauptstadt Bulgariens. Dennoch sehnten sich viele Bewohner aus der orientalisch geprägten Stadt, in der damals dreißig Moscheen standen, nach dem fernen Westen. *Die übrige Welt hieß dort Europa, und wenn jemand die Donau hinauf nach Wien fuhr, sagte man, er fährt nach Europa, Europa begann dort, wo das türkische Reich einmal geendet hatte.* Sagt Canetti.

Die Stadt Ruse: „Klein-Wien“ in Bulgarien (o. l.)

Gottesdienst in der Dreifaltigkeitskirche (o.)

Straßenszene (ganz l.)

Am Freiheitsplatz, dem Mittelpunkt der Stadt (l.)

www.visitruse.info
www.bulgarien.org
www.elias
canetti.org/de

Der hier im Übrigen allgegenwärtig ist und offensichtlich hoch verehrt wird. Man findet ohne viel zu suchen Canetti-Denkmal, Canetti-Platz, Canetti-Bankerl mit Canetti-Zitaten und auch das Canetti-Haus, ein 1898 erbautes, prächtiges Gründerzeitgebäude nahe der Donau. Da fehlen zwar im Dachgeschoß die Fenster und die Auslagenscheiben im Erdgeschoß sind blind, aber der ehemalige Firmensitz seiner Eltern ist immerhin erhalten geblieben und dient dem jährlich stattfindenden Internationalen Literaturfestival Ruse als cooler Veranstaltungsort.

In die Räume der von Österreich mitfinanzierten Elias-Canetti-Gesellschaft am Freiheitsplatz gelangt man durch das Art Cafe; leider ist, da Sonntag, niemand da. Das Geburtshaus Canettis finde ich trotz eifriger Suche nicht, ebenso wenig die Synagoge. *I don't understand your question,* sagt ein ansonsten gut Englisch sprechender junger Mann, als ich ihn nach dem Standort frage.

Die Stadt ist kein funkelnder Edelstein, aber ein Rohdiamant. Ein wildes Konglomerat, eine Mixtur von Epochen und Kulturen. Gründerzeit, ein bisschen Jugendstil, schöne Fassaden entlang der ordentlich herausgeputzten ulitsa Alexandrovska, gleich daneben großflächige Sanierungsgebiete, Gründerzeitvillen mit rissigen und bröckelnden Fassaden. Die Löcher im Gehsteig sind so groß wie kleine Vulkankrater. Da geht man dann gern zurück auf den Freiheitsplatz, der mit seinen Springbrunnen, Girlanden, Pavillons, Blumenbeeten und Kiosken so groß ist wie ein halber Flugplatz. Gegen Abend hin füllt er sich zusehends mit bummelnden Menschen, Kinderwägen, Radfahrern, Liebespaaren. Die Cafés unter den Bäumen am Nordrand tragen die Spitznamen „Vogelschiss 1, 2 und 3". Weil Vögel in den Bäumen eben viel abzuladen haben. Heute ist man vom unerwünschten Bombardement durch Zeltdächer und Schirme hinreichend geschützt, nur die Spitznamen sind geblieben. An einem Rand des Platzes glänzt das prächtig renovierte, karminrot gefärbelte Opernhaus, das Betongrau des brutalistischen Rathauses ist der nötige Kontrapunkt. Unweit davon liegt ein weiterer riesiger, an den Wiener Prater erinnernder Park, ein Touristenzug fährt alle Stunden in ihn hinein. Über die Rumänen, die über die „Brücke der Freundschaft" von Giurgiu zum (Billig-)Einkauf und Kaffeetrinken nach Ruse kommen, macht man sich in der Mini-Metropole gerne lustig. „Der fährt wie ein Rumäne", spottet man über schlechte Autofahrer. Dass die Leute in Rumänien drüben auch nicht immer gut über die Bulgaren reden, kann man sich irgendwie vorstellen.

Ruse ist nicht so schniek uns straight designt wie westeuropäische Städte dieser Größenordnung. Die üblichen Mode- und Food-Ketten fehlen fast vollständig. Aber die Stadt ist zumindest im Zentrum um ihr Äußeres bemüht. Die neue Flaniermeile mit Parkbänken, Spielplätzen,

Wiesen und Bäumen unten an der Donau wird, wie es so schön heißt, von den Einwohnern „gerne angenommen". Die Stadt rückt an die Donau, öffnet sich neuerlich dem Strom, der für die alte Handelsmetropole stets Lebens- und Überlebensader war. Schön und gleichzeitig schön morbid ist auch der von Jugendstilgebäuden umstandene Alexander-Battenberg-Platz. Im vom Wiener Architekten Friedrich Grünanger gebauten Palais Battenberg befindet sich das Historische Museum der Stadt.

Es ist Sonntag und ich gehe, wie mir die alte Dame an der Rezeption empfohlen hat, in die orthodoxe Stadtkirche *Sveta Troitsa,* bestaune Ikonen, Ikonostase und Holzdecke, lausche den Gesängen des Popen und der Gläubigen. Während des Gottesdiensts herrscht ein permanentes Kommen und Gehen. Junge Paare mit Kinderwagen, ein Mann in Lederjacke, der sich ununterbrochen bekreuzigt, Frauen mit bunten Kopftüchern. Der Pope wirft grüne Blätter ins Volk und verteilt bei der Kommunikation richtiges Brot.

Nach längeren, von zwei heftigen Gewittern unterbrochenen Spaziergängen speise ich neuerlich am Freiheitsplatz, diesmal in der Pizzeria, und beobachte eine größere Runde von Künstlerinnen, Lehrerinnen, vielleicht Grünen, so schließe ich jedenfalls aus ihrem ziemlich „unbulgarischen" Dress- und Haarcode. Sie könnten aber auch Mitarbeiterinnen der Canetti-Gesellschaft sein. Eine Frau mit lockigem, kurzem Pagenkopf stößt verspätet zur Runde, setzt sich an den Tisch, bestellt Tee. Es wird gelacht, ich würde gern wissen, worüber. Bald nach ihrem Erscheinen verabschiedet sich die zuletzt aufgetauchte Frau wieder, geht knapp an meinem Tisch vorbei, dabei kreuzen sich unsere Blicke kurz. Hat sie mich interessiert angesehen? Hätte ich sie ansprechen sollen? Aber wie? Hallo, ich bin ein österreichischer Radfahrer und wer bist du? Ich schaue ihr nach, sehe, wie sie auf ihr dunkelrotes Damenfahrrad steigt und äußerst elegant, wie mir scheint, in die Weite des Freiheitsplatzes hineinradelt. Im Augenblick fühle ich mich ein bisschen einsam, ein ganz neues Gefühl auf meiner Reise. Ja, ich würde gern mit jemandem und am besten mit einer Frau, am besten mit ihr! – über Ruse, Canetti, Gott und die Welt plaudern, ein Glas Wein oder gern auch Coca-Cola trinken. – Als ich ein paar Minuten später auf der Aleksandrovska-Straße Richtung Hotel wandere, stoße ich fast mit ihr zusammen. Kann das Zufall sein? Sie schiebt jetzt ihr Rad ganz langsam neben sich her, fast so, als ob sie jemanden suchen würde, schwebt Sekunden später lautlos an mir vorüber. Es braucht eine lange halbe Minute, bis ich einen heroischen Entschluss fasse. Ich drehe mich um, will ihr nachlaufen und sie auf ein Getränk – egal welches, auch Sekt! – einladen. Doch sie ist nirgendwo zu sehen. Unsichtbar. Wie vom Erdboden verschluckt. Einfach verschwunden.

Die Fischer von Tutrakan

Etappe 29: Ruse–Tutrakan

66 km, 170 hm, 1.732 km gesamt

Heute Tutrakan. Morgen Silistra, Mittwoch Cernavodă, Donnerstag Măcin, Freitag Tulcea. In vier Tagen könnte ich ohne größere Probleme in Tulcea sein, plane aber fünf Etappen, um sichere Quartierorte und mehr Zeit für die untere Donau insgesamt zu haben.

Aufregung schon in aller Frühe. Das Navi liegt nicht am Nachtkastl. Ich krame in der Lenkertasche, in der einen, dann in der anderen Packtasche, leere sämtliche Beutel und Säckchen auf den Boden des Zimmers, greife in jede Lasche und jedes Seitenfach. Schon als ich beinahe resigniere (also gut, dann eben ohne Navi), greife ich in den Schmutzwäschebeutel und spüre ein hartes Etwas. Wer meinen Garmin hier versteckt hat, bleibt wie so manch anderer Sachverhalt ein ungelöstes Rätsel dieser Reise.

Ich schlichte nun neu, sortiere, versuche, wieder einmal Ordnung zu machen. Okay, alles drin! Frühstückszeit, es ist acht Uhr, was die Damen von der Hotelküche aber herzlich wenig kümmert. Piet, mein heutiger Frühstücksgesprächspartner, kann sich über die bulgarischen Frühstückssitten herrlich amüsieren, da kann ich auch nicht böse sein. Relax! Er fährt mit seinem KTM-Motorrad von Stadt zu Stadt, hält da und dort Vorträge und Schulungen zur IT-Datensicherheit. Gegen halb neun sind die Damen dann doch bereit, den Kaffee auf den Buffettisch zu stellen. Super!

Ich versuche heute mehr noch als sonst „entspannt, aber wachsam“ zu fahren, „relaxed, but alert“ wie Berufspiloten sagen. Lila Lavendelfelder. Gelbe Sonnenblumenfelder. Grüne Maisfelder. Weil's so schön und die Etappe kurz ist, mache ich wieder einmal einen Schwenker von der Straße zum „Donauradweg“. Vielleicht ist's dort ja nochmals schöner? Doch wie überall anders auch ist der Donau-Au-Weg hinter *Ryahovo* ein Flop. Ich schleudere von Schlammloch zu Schlammloch, ständig in der Angst, in den Gatsch, in die Brennnesseln, in die Dornenstauden zu fallen. Das Navi sagt jetzt, ich soll umdrehen. Stimmt die Himmelsrichtung? Wo steht die Sonne? Warum macht der Weg plötzlich so eine scharfe Rechtskurve? Der Pfad hinaus zur Hauptstraße führt durch einen Sumpf. Ich muss vom Rad, Zweige schlagen mir ins Gesicht. Holt mich hier raus!

Zurück auf einer Art Straße bleibe ich nun nicht mehr stehen und fahre direkt zu meiner Pension, die etwas außerhalb von *Tutrakan* liegt, ganz nahe am Donauufer, unten in der Fischersiedlung. Einige der kleinen, hübschen Fischerhäuser sind frisch renoviert, die ganze

Tutrakan: Steiles Stadtufer mit Fernsehturm (ganz o.)
Die Katze auf der heißen Mülltonne (o.)

www.tutrakan-tourism.eu

Siedlung mit ihren landestypischen „Wiedergeburtshäusern“ steht unter Denkmalschutz. Vor jedem Haus liegt ein Boot, etliche von ihnen sind aber schon so abgewrackt, dass sie wohl nie mehr auf Donauwellen schaukeln werden.

Tutrakan. Klingt ein bisschen nach Turkmenistan, aber der Ort ist waschecht bulgarisch. „Transmarisca“, so nannte der römische Kaiser Diokletian seine hier gebaute Festung. Nach den Wirren der Völkerwanderung und des Mittelalters war Tutrakan, damals „Turtukaj“ genannt, meistens in türkischer Hand. Aber immer wieder auch russisch, denn die Russen konnten die Osmanen bekanntlich nicht leiden und nahmen den Ort einige Male in Besitz. Nach dem russisch-türkischen Krieg 1877/1878 wurde die Stadt dem neu entstandenen Staat Bulgarien zugeteilt, musste aber nach dem Zweiten Balkankrieg 1913 schon wieder an Rumänien abgetreten werden. Jetzt hieß die Stadt „Turtucaia“, wurde im Ersten Weltkrieg nach kurzer Belagerung 1916 von deutschen und bulgarischen Truppen eingenommen und war dann wieder bulgarisch. Nach dem verlorenen Krieg, wir ahnen es, wurde Tutrakan wieder zu Turtucaia. Erst 1940 gab Rumänien den Ort mitsamt der ganzen südlichen Dobrudscha an Bulgarien zurück. Seit mehr als achtzig Jahren ist Tutrakan nun durchgängig bulgarisch und kriegslos, die kommunistische Zeit war aber freilich auch eine eher harte, so wie die Zeit nach der Wende 1990 zwar die „Freiheit“, aber noch lange keine goldenen Jahre brachte. Wenige Oligarchen krallten sich das Land, viele Menschen verließen ihre Heimat und der Beitritt zur EU im Jahr 2007 verstärkte nochmals den Massenexodus. Wenigstens ist in Zeiten der EU-Mitgliedschaft mit Grenzstreitigkeiten und Kriegen nicht mehr zu rechnen. Aber wer wagt das heute noch mit Sicherheit zu sagen? Die Beziehungen zum großen Nachbarn Rumänien sind nach wie vor nicht die besten und von Tutrakan gibt es noch immer keine Fähre hinüber ins rumänische *Oltenița*.

Es ist ab Wien gerechnet der zwanzigste Tag meiner Reise und heute besuche ich zum ersten Mal ein Museum, nämlich das Fischerei- und Bootsbaumuseum Tutrakan, das in einem alten, türkischen Hamam seine Heimat gefunden hat. Die Schaukästen und Vitrinen sind voll mit Fischerhaken, Fischernetzen, Fischerfallen, Modellen von Fischerhütten und Fischerstuben aus vielen Jahrhunderten. Gleich hinter der Tür liegt ein fünf Meter langer Riesenwels aus Plastikfolie, der extra für mich mit einem Kompressor zu voller Größe aufgeblasen wird. *Wow! So groß!* Als Hintergrundmusik läuft der „Donauwalzer“. Dass am Abend dann unten vom Donaustrand etliche Fischer mit ihren bunten Booten und noch dazu vor einem mächtig aufbauenden Gewitterturm aufs Wasser hinausfahren, macht das Bild vom idyllischen Fischerdorf komplett.

Tutrakan: Fischerboote im Fischerort

Im schmalen Donaupark etwas außerhalb des Ortes hebt ein Kranwagen eine ornamental gearbeitete, weiß lackierte Zwiebelkuppel auf sechs gusseiserne Säulen. Eine feine Dame mit großem Hut beobachtet die Szene aufmerksam. Frau Frisch, so stellt sie sich vor, hat diesen Gartenpavillon für ihren kürzlich verstorbenen Mann gestiftet, mit dem sie abwechselnd hier und in München lebte. Die dazugehörige Büste wird im nächsten Jahr folgen, sagt sie. Wer stiftet heute noch einen Parkpavillon samt Denkmal? Ein paar Schritte stromaufwärts sieht man schon die Reste des römischen Festungslagers, die Fundamente eines Turms sind gut auszumachen, vor allem aber kann man hier wieder wunderbar aufs Wasser schauen. Was anderen das Meer ist, das ist für mich die Donau: ein Sehnsuchtsort, von dem ich nicht genug kriegen kann. Hinter dichtem Auwald glänzt ein Donauarm. Wie schön, wie friedlich, wie idyllisch ist das denn! Der Fisch in Tomatensoße auf der Terrasse meiner Pension passt perfekt. Es sitzt sich gut in diesem gepflegten Fischlokal mit seiner weiß gestrichenen Holzfassade, es ist ein Wohlfühlort, eine Idylle, in der man gut und gern bis in den späten Abend sitzen und Wein trinken könnte. Was ich, da der einzige Gast, dann doch nicht tue. Der Kellner ist sichtlich erleichtert, dass er, nach meinem zweiten Glas bulgarischen Weißweins, die Rechnung bringen und danach mit seinen Freunden und Freundinnen im ersten Stock „chillen“ kann. Und wer würde dem sympathischen Burschen diese Freude nicht gönnen, hier im chilligen Fischerort Tutrakan?

Kaum bin ich im Zimmer, piepst das SMS: Meine Frau hat, wie mit der Reederei vereinbart, in Wien-Nussdorf einen Trolley für mich auf die MS Nestroy gebracht, auf jenes Schiff also, das seit heute von Wien donauabwärts Richtung Delta fährt und das ich, so Gott will, in neun Tagen zur Rückfahrt besteigen werde. Alle am Schiff waren so nett zu ihr, erzählt mir Senta spätabends am Telefon, sie wäre am liebsten gleich mitgefahren.

Bilder eines Donaustrands

Etappe 30: Tutrakan–Silistra

62 km, 510 hm, 1.794 km gesamt

Zum Frühstück pfannenfrische, heiße Krapfen, gefüllt mit Schafskäse und Marmelade. Bulgarien überrascht mich jeden Tag aufs Neue und Tutrakan war und ist in wirklich allen Belangen eine positive Überraschung. Den Weg von meiner feinen Herberge hinauf zur Straße muss ich schieben, so steil ist der Weg. Ganz oben liegt der Friedhof mit Blick auf die Donau, ihre weiten Auen und hinüber in die grenzenlose Walachei. Heute mache ich überhaupt keine Versuche mehr, einen Dschungelpfad zu fahren. Höhenmeter gibt es genug, lange Geraden auch, der Verkehr ist stark, aber die Fahrer und Fahrerinnen halten Respektabstand. Es geht dahin. Schmerzen habe ich übrigens schon lange keine mehr. Weder im Nacken noch am Ellenbogen und auch nicht in den Knien. Schnell bin ich bei der Ortstafel von *Silistra* und ebenso schnell im Zentrum. Als ich eine Passantin nach der Svobodastraße und dem Hotel Danube frage, stehe ich bereits direkt vor dem Hoteleingang. Mein Rad darf in die Tiefgarage und ich habe schon wieder einen halben Urlaubstag. Ein Traum!

Die Grenze verläuft unmittelbar hinter der Stadt, von da an gehören beide Ufer zu Rumänien. Nur die Menschen, sie halten sich nicht an die Grenzen, sie gehören auf beiden Seiten, und somit auch in Silistra, unterschiedlichen Ethnien an: Neben Bulgaren leben hier auch viele Rumänen, Türken und Roma.

Die Donau selbst beginnt sich unterhalb von Silistra zu teilen. Bis hierher wurde sie nur ab und zu von kleineren Inseln gebremst, jetzt aber geht sie nochmals mächtig in die Breite. Im Süden zweigt der Brațul Ostrov ab, der mit dem großen Lacul Bugeacului in Verbindung steht.

Und wenige Kilometer unterhalb von Silistra geht der Braţul Borcea nach Norden ab und findet erst nach hundert Kilometern zum Hauptstrom zurück. Der Arm ist so breit, dass viele Kreuzfahrtschiffe ihn benutzen, vor allem, wenn Niedrigwasser ist.

bulgariatravel.org/de/silistra

www.information-bulgaria.com/silistra-bulgaria

www.ahoi-schiff.de/hafenwelten/silistra-blugarien

Noch rund 330 Kilometer sind es von Silistra bis Tulcea und 375 Kilometer bis zum Schwarzen Meer. Die Sumpf- und Augebiete werden immer breiter, die Donau entspannt sich mehr und mehr und am Ufer von Silistra regiert Friede und Gelassenheit.

Wie in Widin, Ruse oder Tutrakan ist auch hier der Donaupark das zweite, gepflegte Zentrum des Orts. Die „Alte Eiche" wurde 1910 gepflanzt; ihr verschlungener Stamm gilt als nationales Wahrzeichen. Daneben sind moderne Skulpturen aufgebaut; nochmals ein Stück weiter finden sich die Reste von römischen, byzantinischen und osmanischen Ruinen und die Fundamente von „The glorious home of Khan Omurtag". Nicht nur am Ufer, auch mitten in der Stadt wurden Ruinen freigelegt, das Einkaufszentrum in der Stadtmitte wurde direkt auf römische Fundamente gestellt. Silistra hat, wir kennen das Thema bereits, seit der „Wende" mehr als ein Drittel der Bevölkerung verloren und zählt heute 33.000 Einwohner. Hubert von Goisern, Weltmusikant aus dem österreichischen Salzkammergut, wollte 2007 auf seiner legendären Donautour hier spielen, ließ sein Schiff mitsamt Bühnenaufbau aber unmittelbar vor Konzertbeginn ablegen, um 500 Meter stromaufwärts ein improvisiertes, freies Konzert zu geben. Im „Logbuch" dieser Tour schildert er seine Erfahrungen mit der lokalen Oligarcho-Bürokratie. Auch Karl-Markus Gauß wettert über die „Kinder der kommunistischen Nomenklatura", die sich in Bulgarien *den Staat mit all seinen Reichtümern unter den Nagel rissen, den sie als Staatsbanditen, die sich stets verschiedene Parteien von Regierung und Opposition halten, bis heute nicht mehr hergegeben haben.*

Zum Glück bekommt man als harmloser Radfahrer von Mafia, Korruption und politischen Wirrnissen nichts mit. Und vielleicht wird ja doch irgendwann alles gut, vielleicht heilt die Zeit die Wunden und die politische Dauerkrise löst sich eines Tages in Wohlgefallen auf. Wobei, alles, auch sinnvolle Stadtplanung und Stadtsanierung, hier im Osten noch viel schwerer umzusetzen ist als im reichen Westen Europas. Viele Hausbesitzer, viele Erben sitzen in Übersee oder sonst irgendwo in weiter Ferne, Eigentumsverhältnisse sind oft umstritten. Umso schöner, dass es hier in Silistra, im nordöstlichsten Winkel Bulgariens, ein gepflegtes Kunstmuseum gibt. Die Direktorin selbst zeigt mir, dem einzigen Besucher, Donau-Landschaften und Stadtansichten, Stillleben und Porträts aus dem 19. und frühen 20. Jahrhundert; auch respektable moderne Skulpturen finden sich in den Zimmerfluchten. Der Spazier-

Tutrakan: Friedhof mit guter Aussicht (o. l.)

Silistra: Kunstmuseum, „Retro-Porträt“ von Margarita Pueva, 1985 (o.)

Die Viererbande von der Hollywoodschaukel (ganz l.)

Im Trockendock (l.)

gang durch das Haus ist ein Streifzug durch die Geschichte der Donauwelt. Eisstöße, Fischerboote, Moscheen, Uferlandschaften: Die Gemälde erzählen vom Alltag der Menschen, der Bedeutung der Donau, der Schönheit der Natur. Und noch was fällt in Silistra so wie schon in allen anderen bulgarischen Städten davor positiv auf: dass in der Stadt Wegweiser den Weg zur Stadtbücherei, zur „Bibliotheka/Library" anzeigen. Das Land tut etwas für die Allgemeinbildung, nicht schlecht.

Nach dem vom Wirt dringend anempfohlenen Marillen-Raki als Aperitif und anschließenden Gjuwetsch-Eintopf mit Wurst, Käse und Ei schlendere ich abends nochmals in den Donaupark. Ein Liebespärchen schmust unten am Ufer. Vier hübsche junge Mädchen halten die Hollywoodschaukel besetzt, schaukeln und kichern fortwährend. Ein prächtiges Schiff fährt auf dem breiten, mächtigen Strom nach Westen, hinein in den glühend roten Sonnenuntergang. Und ich werde morgen weiter Richtung Osten radeln. Die letzten drei Tage, sie können kommen, mitsamt den Weiten und den Bergen der Dobrudscha.

Wilde Hunde

Etappe 31: Silistra (Bulgarien)–Cernavodă/Seimenii Mici (Rumänien)

108 km, 1020 hm, 1.902 km gesamt

Am Frühstücksbuffet (Ja. Ein richtiges Buffet. Und es ist längst aufgebaut, als ich den Speisesaal betrete!) redet mich ein älterer Herr in Shorts an und bittet mich zu ihm und seinem Freund an den Tisch. Heino und Hanno sind in den vergangenen acht Wochen mit ihren E-Bikes von Donaueschingen bis hierher gefahren. Hauszelt, Schlafsäcke, Reserveakkus, Kochausrüstung, Essensvorräte, das macht stolze 23 Kilo Ballast pro Person. Mit ihren schwer bepackten Gefährten haben die beiden jede Donauschlinge und jeden Uferweg, alle von mir wenig geliebten Dschungelpfade ausgekostet. Bewundernswert, einerseits, aber dass sie bislang in Summe zwölf „Platte", mit langen Dornen im Reifen und dementsprechend aufwändige Reparaturarbeiten hatten, erzählen sie auch. Sie klagen ihre Leidensgeschichte ohne zu klagen und sind stolz auf ihre Voraussicht: Sogar Reservereifen führen sie mit. In zwei Wochen wollen sie es dann geschafft haben. Okay, sage ich, Wahnsinn! Gute Fahrt! Man sieht sich! Bestärkt in meiner Entscheidung, so manchen Uferweg ausgelassen zu haben, packe ich mein Zeug auf mein Rad. Die beiden mit ihren Heavy E-Bikes aber sehe ich nie mehr wieder.

Immer geradeaus: Blick auf den Donauarm bei Ostrov

Hinein nach Rumänien! Auch hier gibt es sie, die wilden Hunde. Gleich vier dieser Biester schießen hinter einem Auto hervor und als ich antrete, glaube ich schon ein felliges Etwas an meiner linken Wade zu spüren. *Hauhauhauhauhauiii.* Die Taktik der Hunde ist ausgeklügelt, sie haben mich genau an jener Stelle gestellt, an dem die Straße an der Uferflanke bergauf führt und ich zwangsläufig Tempo verliere. Ich sehe mich schon zerfleischt und blutüberströmt auf dem Boden liegen, ein Fall für die Intensivstation. Wie hoch kann man den Puls treiben, wenn man ums Überleben kämpft? Oben auf der Kuppe höre ich nur mehr fernes Gekläff und dann gar nichts mehr. Ich lege mich neben meinem Rad ins hohe Gras. Es dauert Minuten, bis ich mich fasse und weiterfahren kann. Rumänien. Ein warmherziger Empfang war das nicht gerade.

Der restliche Tag ist dagegen fast ein Kinderspiel. Zwar geht's permanent bergauf und bergab, aber zur Belohnung gibt es von Kuppen, Plateaus und Hochflächen immer wieder die allerschönsten Blicke auf Dörfer, Tälchen und den Bratul Ostrov. Einige Zeit lang sieht man im Hintergrund auch noch den Hauptstrom. Die Luft ist glasklar, die Sicht fantastisch. Am Lacul Bugeacului fahre ich vorbei, nach einer kurzen Steigung in einem bewaldeten Tal stoppe ich beim Dervent-Kloster. Nach Süden hin öffnen sich Weizenfelder, Wiesen und Weingärten. Sonnenblumen und Gemüsegärten in den Dörfern. Das Land ist weit, der Horizont endlos und das Licht mild. Einige der Ortschaften sind vorwiegend von Roma bewohnt, jetzt gibt es auch hinreichend Pferdewägelchen. *Buna zia! Buna!* Die Straße führt ein Stück weit weg vom Donauband, hinein in die Dobrudscha, rumänisch „Dobrogea", wie das letzte Stück Land zwischen der Donau und dem Schwarzen Meer heißt. Geten, Skythen, Griechen, seit der Zeitenwende dann Römer, Byzantiner und Bulgaren lebten hier; die Dobrudscha war stets eine Knautschzone, ein Durchmarschgebiet, in dem die Regentschaft ununterbrochen wechselte. Vom 15. bis ins ausgehende 19. Jahrhundert herrschten die Osmanen, wirklich ruhig war es aber trotzdem nie. Noch 1940 lebte hier, wie Wikipedia so heiter formuliert, *ein buntes Völkergemisch aus Rumänen, Bulgaren, Türken, Tataren, Lipowanern, Roma, Griechen und Deutschen zusammen.* Bis heute gibt Lipowanerdörfer und Zigeunersiedlungen, türkische Enklaven, Minarette stehen neben orthodoxen Kirchen und in der Süddobrutscha, also rund ums bulgarische Silistra, leben auch noch „Gagausen" – Angehörige eines Turkvolks, von dem in der Republik Moldau noch eine deutlich größere „Community" existiert.

Rechts neben der Landstraße sticht ein weiß und rot getünchte Kilometerstein ins Auge: „Constanta 83 km – Ion Corvin 5 km" steht darauf. Würde ich jetzt direkt nach Osten fahren, könnte ich heute noch locker am Ufer des Schwarzen Meers stehen. Ich aber bleibe bei meinem

Generalstabsplan und folge dem Lauf der Donau, die sich jetzt mitsamt ihren Armen, Ästen und Sümpfen schnurstracks nach Norden wendet, um den allerletzten Umweg auf ihrer umwegreichen Reise zum Delta in Angriff zu nehmen.

Im unscheinbaren Straßendorf *Ion Corvin* will ich mir im „magazin mixt“ ein kühles Cola kaufen. Da ich an der Grenze keine Leu gekriegt habe und die Dame hinter der Budel Euros nicht brauchen kann, muss ich, es hilft kein Flehen und Betteln, die Dose in den Kühlschrank zurückstellen. Wo sie hart sind, sind sie hart, die Rumäninnen! Bestaunt von der bereits zahlreich wartenden Kundschaft setze ich mich colalos auf das wackelige Bankerl vor dem Laden, krame Oliven, Käse, Brot und Apfel aus der Packtasche und bemühe die Landkarte: Bankomat oder Wechselstube werde ich wohl erst in Cernavodă finden, bis wohin es noch ein gutes Stück Weges ist. Das also war mit „Durststrecke" gemeint!

In Rumänien wird im Gegensatz zu Bulgarien sicht- und spürbar viel gebaut. Ich rumple über lange Staubstraßen; mit jedem Auto, das mir entgegenkommt, schlucke ich Staub, dazu kommen heftige Steigungen. Trotzdem bin ich, trotz aller Plagerei, zufrieden, fast schon glücklich. Nichts hält mich mehr auf, nicht einmal die bösesten Rumpelpisten machen ersthafte Probleme. Immer wieder komme ich direkt ans Wasser, fahre am unverbauten Ufer und an senkrecht aufsteigenden Lösswänden entlang. Flussaufwärts zieht wie in Zeitlupe ein Frachtkahn vorbei. Ich strecke mich für eine Viertelstunde am Ufer aus, ein paar Kekse habe ich noch, ich sollte durchkommen. Eine kurze Lössschlucht, dann eine Baustelle, weiter auf der sandigen Straße. Im nächsten Dorf wird der Kanal gegraben, draußen im Freiland werden die Alleebäume gefällt. Schade, weil in dieser Agrarsteppe es ohnedies kaum mehr Bäume gibt. Kleinhäusler färbeln ihre Hausfassaden. Es regt sich allerhand im Rumänenland und vielleicht hängt das auch damit zusammen, dass der Fluss kein Grenzsaum mehr ist und beide Ufer zu Rumänien gehören. Nach hundert Kilometern und tausend (!) Höhenmetern tauchen Werbetafeln, Lagerhallen, Zäune und Werkstätten auf, erste Anzeichen einer städtischen Siedlung. Und da ist sie auch schon: *Cernavodă,* der Ort, an dem der Donau-Schwarzmeer-Kanal, der Canalul Dunare, Richtung Konstanza abzweigt. 1983 unter Nikolae Ceaușescu fertiggestellt, führt er über ein Dutzend Schleusen zur Küste. Er sollte den Weg abkürzen, doch die Frachter blieben bis heute der wesentlich längeren Donau-Route treu, auch deshalb, weil die Durchfahrt teuer ist. Dass bei seinem Bau tausende Häftlinge starben, ist tragisch, vom ökologischen Gesichtspunkt ist der Bau ein Wahnsinn. Jetzt aber liegt er, der Kanal, mitsamt seinem guten Donauwasser ganz harmlos tief unter mir. Er kann nichts für seine Geschichte.

Das überraschend kleine Cernavodă ist nicht nur für den Kanal, sondern auch für das einzige rumänische Atomkraftwerk bekannt. Und, nicht zu vergessen, für die vier Kilometer lange Anghel-Saligny-Donaubrücke. Die Stahl-Gitter-Konstruktion galt zur Zeit ihrer Fertigstellung im Jahr 1895 als technische Pionierleistung, heute ist sie stillgelegt und durch eine parallel laufende moderne Brücke ersetzt. Ich habe keine Zeit für eine Besichtigung, denn ich brauche Geld. Was wiederum Zeit braucht, denn vor den wenigen Bankomaten der Stadt stehen längere Menschenschlangen. Durstig und hungrig und zunehmend ungeduldig

Cernavodă: Brücke über den Donau-Schwarzmeer-Kanal

reihe ich mich ein. Als ich nach einer halben Stunde Wartezeit endlich meine Scheine kriege, fahre ich los und falle, einer kleinen Ohnmacht nahe, im Nobelrestaurant am Stadtrand ein. Wasser! Wasser! Und nach der ersten gleich noch eine zweite Tasse Kaffee.

Mein Nachtquartier liegt ein gutes Stück außerhalb der Stadt, vom Donau-Niveau geht's nochmals steil bergauf, dann wieder hinunter, für die letzten sieben Kilometer bis zu meinem an einem kleinen Stausee gelegenen Mini-Holiday-Resort benötige ich eine geschlagene Dreiviertelstunde. Dass ich auch hier der einzige Gast bin, wundert mich nicht mehr, problematisch ist allerdings, dass die Köchin im Moment unauffindbar ist. Gerade überlege ich, wie ich ein Taxi zurück nach Cernavodă organisieren könnte, da trifft sie, welch ein Glück, doch noch ein. Der adrette junge Mann, der Haus, Zimmer, Anlage und Gäste betreut, bringt mir die Speisekarte, empfiehlt aber gleich einmal mit sanftem Nachdruck ein Fischgericht. Und zwar ein ganz bestimmtes. Mir wird bald klar, dass ich keine Wahl habe, es gibt heute nur diese eine Speise. Aber die gibt es wirklich und sie ist köstlich. Wie immer und überall an der Donau. Die Köchin kocht für mich die allerfeinste

Polenta und brät den allerbesten gebratenen Karpfen, der „local wine" passt perfekt. Ich fühle mich schon fast wie auf einer Gourmetreise.

Den Rest des lauen Abends widme ich meinem aktuellen Lebensabschnittspartner. Zuletzt hat er nämlich mit stöhnenden, aus der Nähe des Lenklagers kommenden Geräuschen dezent um Zuwendung gebeten. Ich putze Felgen, Speichen, Rahmen, wische in jede Ritze, schmiere Kette und Schaltarm, tätschle und streichle und liebkose, mache mein treues Gefährt hübsch und fit für die letzten zwei Fahrtage. Fische springen, Vögel singen. Das Abendlicht ist so mild wie das Lüftchen, das übers Wasser streicht. Ich esse alte Kekse und bereite mich physisch wie mental auf die Königsetappe vor. Heute früh war ich nach einer schlechten Nacht mit schweren Träumen noch ziemlich fertig. Jetzt bin ich müde, aber entspannt und zuversichtlich. Was soll mich noch bremsen?

Die kahlen Berge der Dobrudscha

Etappe 32: Cernavodă–Măcin

137 km,
1.160 hm,
2.039 km gesamt

Draußen glänzt der Fischteich in der Morgensonne, drinnen steht das Frühstück wie vereinbart um sieben Uhr bereit. Der Mann für alles ist sehr bemüht, wenn auch noch ein bisschen müde. Um halb acht Uhr früh fahre ich aus dem Resort und trete gleich einmal zum Munterwerden den ersten Mordsberg hinauf. Von achtzig auf 150 Puls, Dobrudscha, lass nach! Fad wird mir heute nicht, von der ersten Minute an sammle ich Höhenmeter um Höhenmeter. Nach meinem liebevollen Service gestern Abend schnurrt die Kette wie ein junges Kätzchen, nichts ächzt und knarzt mehr. *I'm in love with my bike.* Hinauf nach Seimenii, hinunter nach Dunărea. Ja, hier gibt es wirklich ein Dorf namens „Donau", vielleicht sollte man eine Dorfpartnerschaft mit dem kleinen „Donaudorf" östlich von Krems anleiern? Es schaut hier nicht viel anders aus als die Tage davor. Mit Gras bewachsene Sandhügel. Störche gibt es hier mehr als Menschen. Das Morgenlicht ist warm und mild. *I'm in love with my Danube.* Vorbei an den Ruinen des römischen *Caidava*, und weil ich heute besonders gut drauf bin, ziehe ich 75 Kilometer ohne Pause durch, fahre an *Hârşova* vorbei, ein Ort, in dem angeblich hauptsächlich russisch-altgläubige „Lipowaner" wohnen. In *Dăeni* kaufe ich kurz vor Mittag mein frugales Mittagsmahl und lasse mich gleich gegenüber im Vorgarten und Baumschatten eines verlassenen Kindergartens nieder, lege mich auf die schmale Bank, schiebe den Sturzhelm unter den Kopf und tauche tatsächlich für einige Minuten weg.

Weiter geht's in ordentlicher Mittagswärme. Auf der ganzen langen Strecke von *Ostrov* über *Peceneaga* nach *Traian* ist der Asphalt abrasiert, die Stein- und Schotterpiste ist ruppig. Die Bilder ähneln denen der letzten Tage. Weizenfelder. Eine Allee, die bis zum Horizont reicht. Habe ich schon einmal über die Einsamkeit des Langstreckenfahrers geredet? Meistens genieße ich sie, heute ist es mir schon fast zu einsam. Daheim in Österreich hat mich einmal eine Arbeitskollegin gefragt, ob das ewige Alleinsein am Rad nicht „sehr langweilig" wäre. Nein, habe ich gesagt, ich habe ja immer was zu tun, muss schauen, schalten, bremsen, fotografieren. Außerdem bin ich gern mit mir allein. *I was born on a wanderin' star.* Es gibt so etwas wie eine beglückende Einsamkeit, für mich jedenfalls.

Abschnittsweise ist der Untergrund sehr steinig, dann geht's nur noch mit zehn, maximal 15 Stundenkilometern voran. Durch das kleine Traian. Staub brennt in den Augen. Über eine schottrige Abfahrt geht's hinunter nach Cerna; nach zwanzig Kilometern ist dann wieder glatter, schwarzer Asphalt unter den Reifen. *Aaahhh!*

Nach Stunden in einer end- und baumlosen Landschaft tauchten zuletzt kahle Rücken aus dem Dunst des Steppenmeers auf. Und jetzt bin ich diesen markanten Hügeln, den Măcin-Bergen schon recht nahe. Erstaunlich, dass sich so kurz vor der Donaumündung noch ein richtiges kleines Gebirge aufbaut. Ich hatte vom *Parcul Național Munții Măcinului,* vom Nationalpark der Măcin-Berge, schon gelesen, aber dass es da einen richtigen Pass geben würde, das ist nirgendwo gestanden. Wobei dieser Priopcea-Pass eine ganz spezielle Qualität hat: Die Straße führt vom Fuß der Hügelkette, also von da, wo ich nun losfahre, rund zehn Kilometer konstant und gleichmäßig 200 Höhenmeter bergan, und zwar in einer einzigen, wie mit dem Lineal gezogenen Geraden. Sattelschlepper und Pkw brausen mit dementsprechend hoher Geschwindigkeit den Berg hinan und an mir vorbei. Ein monumentales Denkmal am Straßenrand markiert die Passhöhe, ich feiere den Gipfelsieg mit einer letzten Fotorast. Rechts steigt der Priopcea auf 410 Meter Seehöhe an, der grasbedeckte Muntele lui Iacob im Westen ist 341 Meter hoch, die Aussicht vom Sattel über die weite Federgrassteppe überwältigend, wobei man die Donau wie auch ihren näher gelegenen Măcin-Arm von hier heroben aber bestenfalls erahnen kann. Die Dobrudscha ist ein fernes Land. So klein, so weit weg von allem habe ich mich auf dieser Reise noch nie gefühlt. Ist das die vielzitierte Freiheit, die man auf Reisen sucht und manchmal auch findet?

Die Weiterreise von der Passhöhe hinunter ins Reich der untersten Donau ist eine Vergnügungsfahrt. Gelb-grün gestreift ist das Landschaftskleid, wieder geht's zehn Kilometer geradeaus, jetzt aber bergab, dann durch tiefgrünes Schwemmland und endlich hinein nach Măcin,

In der Dobrudscha: Über den Priopcea-Pass (o. l.)

Das Ziel ist nah (o.)

Nach Seimeni (ganz l.)

Uferwiese bei Dăeni (l.)

das entfernt an eine Oase am Sahararand erinnert. Nur mehr zwölf Kilometer sind es von hier zu den Fähren, die nach Brăila hinüberpendeln. Bis in diese alte Hafenstadt kommen die großen Schiffe vom Schwarzen Meer, weiter flussaufwärts geht's dann nur noch mit den flachen Binnenkähnen. Ich werde, aber das weiß ich zu diesem Zeitpunkt noch gar nicht, in einigen Tagen in Brăila das Schiff besteigen, das mich zurück nach Wien bringt, für heute aber bin und bleibe ich nach 137 heißen Kilometern und 1.100 Höhenmetern im staubigen Măcin. Sehe eine ärmliche Moschee, einen Steinwurf davon entfernt die orthodoxe Kirche. Setze mich für eine halbe Stunde auf den Dorfplatz, wo ich Müttern dabei zuschaue, wie sie ihren Kindern beim Spielen zuschauen. Vermutlich Türkinnen, könnten aber auch Roma sein. Glaubt man der Volkszählung, leben im Ort knapp 10.000 Rumänen, 439 Roma, 337 Türken, 53 Lipowaner, dazu noch Altrussen und auch zehn Italiener. Zum ersten Mal auf dieser Reise gibt's heute Pasta, und zwar beim neuen Italiener am Ortsrand Richtung Brăila-Fähre. Gierig schaufle ich die Penne in mich hinein und gehe gleich danach in die Küche, um mich für das sensationelle Abendmahl zu bedanken. Auf Wein, der hier an den Ausläufern der Măcin-Berge wächst, verzichte ich, und zwar aus Respekt vor dem nächsten, dem letzten Fahrtag. Da will ich den klarsten aller Köpfe haben. Denn morgen, da geht's um alles. Um den Gesamtsieg.

Am anderen Ufer: Krieg

Etappe 33: Măcin–Tulcea

77 km, 780 hm, 2.116 km gesamt

Nur jetzt nicht leichtsinnig werden, nur keinen Fehler machen, möglichst direkt und ohne Umwege nach Tulcea fahren. Es gäbe, habe ich auf der Landkarte gesehen, einige Möglichkeiten für nette Abstecher in die Măcin-Berge, aber ich habe nur noch Tulcea im Kopf. Tulcea. Sagt man jetzt „Tulceeea" oder „Tultscha"? Ich werde es nie erfahren. Da es in meiner Pension (bestenfalls) ab neun Frühstück gibt, laufe ich in den Ort, hole mir im Café an der Kreuzung ein Marmeladecroissant plus einen Strudel und nach dem ersten gleich noch einen zweiten Pulver-Cappuccino. Good morning, Măcin!

Zurück in meiner Herberge ist vorerst einmal der Schlüssel, mit dem der Fahrradschuppen versperrt ist, unauffindbar. Meine Nerven flattern, ich breche die Bude auf, wenn's sein muss! Die Putzfrau schickt mich zur Autowerkstätte auf der anderen Straßenseite, deren Chef sucht nach einigem Zögern dann doch seine Mutter, die ihrerseits im ersten Stock seines Hauses wohnt und offensichtlich die Pension führt. Nach bangen Minuten zeigt sich die Dame im Schlafrock an der Türe und wieder einige Minuten später schlurft sie missmutig, den Schlüssel fest in ihrer Hand, mit mir zum Radraum. Geschafft. *Mulțumesc, la revedere!*

Ich hatte mir diesen letzten Fahrtag als Triumphfahrt vorgestellt. Quasi ohne Kraftanstrengung, ein einziges Hochgefühl, das mich nach Tulcea schweben lässt. Doch wie sich bald herausstellt, können auch lächerliche 76 Kilometer ordentlich weit sein. Offenbar habe ich die Berge von gestern nicht vollständig verdaut, und dazu kommt, dass noch vor dem Ortsende von Măcin bereits a) eine lange Baustelle und b) eine ebensolche Steigung beginnt. Ich umrunde jetzt sozusagen die Măcin-Berge, und auch deren Ostflanke hat es in sich. Die von Galatz kommende Straße mündet ein, fette Lkw kommen in Rudeln angeröhrt, einige überholen an den unübersichtlichsten Stellen. Heute schlängelt sich im Gegensatz zu den gestrigen langen Geraden die Straße in unzähligen Kurven an den Măcin-Bergen entlang, was einerseits schön, andererseits aber auch stressig ist, weil, wie gesagt, der Verkehr. Und der nächste steile Anstieg, ich schätzte zehn Prozent plus. Alles schaut heute anders aus, die Bergflanken sind zumindest teilweise bewaldet. Schön, nur Lust auf Fotostopps habe ich keine, ich möchte nur noch ankommen. In Tulcea. Wie süß der Name klingt. So wie Dulcea oder Dulcinea. Von einem der vielen Hügel – ist das jetzt der allerletzte? – sehe ich sie wieder, die Donau. So knapp vor ihrem Ende, und auch das gänzlich anders als gestern, ist sie nochmals Grenzfluss. An meinem Ufer herrscht Sicherheit, ist Europa, ist die EU, ist normales Leben. Drüben aber, am anderen Ufer, da liegt die Ukraine. Und dort ist Krieg. War die Donau 2022 noch unbehelligt, so wurden die ukrainischen Donauhäfen im Frühjahr und Sommer 2023 bombardiert. Was soll man da noch sagen? In *Isaccea* direkt an der Donau warten noch einmal etliche Trucks auf ihre Überfuhr ins Kriegsland, während ich in einem kleinen Café an der Durchzugsstraße eine kurze, friedliche, hoffentlich vorerst allerletzte Kaffeepause einlege. Im Moment möchte ich alles nur noch hinter mir haben, trete beim ersten Hügel hinter Isaccea gleich ordentlich an, dann aber sage ich mir, nicht zum ersten Mal: Runter vom Gas. Fahr langsam. Tulcea wird kommen. Früher oder später, aber es kommt sicher. Das Kloster Cocos lasse ich rechts liegen, ebenso das am Hang glänzende *Niculițel* mitsamt Basilika und Weingut. Wie weit ist es noch. Und noch ein Pass, wieder zehn Prozent. Ich bin jetzt echt mürbe. Auf grandiosen 165 Meter Seehöhe angelangt, bleibe ich gar nicht erst stehen. Weiter, weiter, das Ziel ist nah! Rechts am Hang, gleich nach der flotten Abfahrt, sehe ich große Weingärten, links eine weite Wiese und auf der Straße kommt mir ein Fern-Radler entgegen. Er will zurück nach Galatz und von dort noch heute Abend mit dem Zug heim nach Dresden fahren. Von wo er über Tschechien und die Slowakei, über Rumänien und

Tulcea, Ziel der Radfahrt: Angler an der Kai-Baustelle

Das Finisher-Foto (ganz o.); renovierte Synagoge (o.)

Moldawien bis in die Ukraine gefahren ist, ein Kriegs-Rad-Tourist, auch das gibt's. Meistens, sagt er, habe er im Freien geschlafen. Mach's gut und komm gut heim!

Zwischen Straße und Donau liegt ein weites Sumpf- und Seen-, Busch- und Grasland, das Delta kündigt sich bereits an. Zehn Kilometer habe ich noch und noch immer sind die Hügel nicht zu Ende. Mein Hunger ist schon so groß, dass ich – die Skyline von Tulcea ist bereits in der Ferne zu erahnen – noch ein letztes schattiges Plätzchen ansteuere. Ein paar Oliven, der Schinkenkäsestrudel von gestern und Salzkeks sind mein Zehrung fürs allerletzte Stück des Weges. Noch einmal habe ich Stress, ich darf nämlich die Ortstafel keinesfalls verpassen, weil das „Finisher"-Foto bekanntlich immer bei und mit der Ortstafel des Zielorts gemacht werden muss. Da ist es. „Tulcea. Localitate de Frontiera". Das Schild. Es steht in einem kleinen Wassergraben, der Platz ist zum Fotografieren denkbar schlecht geeignet, aber was sein muss, muss sein.

„The last mile" erledigt dann Freund Garmin für mich. Er befiehlt mir streng, in eine Seitenstraße und nochmals in einen ganz schmalen Weg abzubiegen und dann bin ich tatsächlich da. 2.100 Kilometer sind abgefahren. Mission accomplished. Von Tulcea weiter nach Sulina gibt es keine Straße mehr, nur noch eine Wasserstraße. Absitzen! Vor der Pension Delta Dunarii weht neben der rumänischen auch die EU-Fahne. Sollte ich jetzt große Gefühle haben? Empfangskomitee gibt es keines, doch die elegante Dame an der Rezeption gibt mir immerhin das Gefühl, willkommen zu sein.

Sie trägt die dunklen Haare kurz und eine große Brille. Ich hätte sie aus lauter Freude, da zu sein, gern umarmt, erzähle ihr aber nur, dass ich soeben mit dem Rad von Wien angekommen bin. Sie lächelt milde und nickt anerkennend, ich nehme die Geste als leichtes Schulterklopfen. Langsam, ganz langsam trage ich das Gepäck in den zweiten Stock, und als ich das dritte Mal bei ihr vorbeikomme, um meinen Sturzhelm zu holen, fragt die Dame, so, als ob sie erst jetzt die Dimension meiner Reise begriffen hätte, nochmals nach: Von Wien bis hierher? Ja, von Österreich! Wirklich alles mit dem Rad? Ja, wirklich! Noch immer möchte ich sie umarmen. Sie legt jetzt ihre professionelle Miene ab und erzählt, dass sie selber gern Radtouren in die Umgebung macht. Mein Sturzhelm scheint ihr zu gefallen, sie setzt ihn probe- und spaßhalber auf. Steht ihr gut! Jetzt ruft sie die Kellnerin vom Restaurant nebenan, die zwar etwas skeptisch schaut, aber ebenfalls unbedingt meinen Helm aufsetzen muss. Schnell ein Foto! Und noch eins, zur Sicherheit! Die Szene löst sich so rasch auf, wie sie sich entwickelt hat. Die Kellnerin muss dringend zurück in ihr Lokal, die Dame des Hauses nimmt ihren Platz an der Rezeption ein: Die Ankunft ist, obwohl unumarmt, zweifelsfrei gelungen.

Tulcea. 1991, kurz nach dem Sturz Ceaușescus war ich mit einem Frachtschiff der DDSG von Wien hierhergekommen und hatte die Hauptstadt des Donaudeltas in völligem Ausnahmezustand vorgefunden. Tulcea war ein Ort der vollkommenen Trostlosigkeit, ein hoffnungsloser Platz, den ich fluchtartig wieder verließ.

www.urlaub-in-rumänien.de/de/uir/ausflugsziele-staedte-tulcea

www.danube-pearls.eu/danubepearls/donau-delta

Bei meinem zweiten Besuch anno 2017 war Rumänien bereits lange in der EU angekommen. Am Kai von Tulcea gab es Cafés, Hotelbars, Restaurants, Kioske und Souvenirläden. Ich stieg auf ein Hausboot und schipperte vier Tage lang durch die Delta-Wildnis, eine wunderbare Erfahrung. Heute ist wieder alles anders. Schon nach den ersten Schritten aus meiner Pension ins Freie sehe ich mit Schrecken, dass der Kai und mit ihm die schöne, lange Promenade von Baggern, Kränen, Straßenwalzen, Schubraupen, Grädern und Pylonhämmern besetzt ist. Aufgewühlter Schlamm, dazu Sand, Erde und Schutt, das ist alles, was von der Strandpromenade übrig geblieben ist, Schanigärten, Kiosks, Bootsstege und Ausflugsboote sind spurlos verschwunden. *Taktaktaktaktaktak.* Die Schremmhämmer geben den Takt vor. Kreuzfahrtschiffe sind aus der Stadt verbannt, der Kellner in der verstaubten Halle des menschenleeren Nobelhotels ist nur mehr ein Häuflein Elend.

Statt auf einen Eiscafé gehe ich also, was bleibt mir übrig?, in das gut hinter einem Baugerüst versteckte Delta-Museum. Im Aquarium schwimmen traurige Störe, ein unglücklicher Miniwels und etliche andere arme Fische. Ich arbeite mich durch die drei Etagen des Hauses, versuche, die Schautafeln zu lesen, so lange, bis ich endgültig erschöpft bin. Ab zum Dinner.

La Liman restaurant reconfigures the welcoming Romanian atmosphere,
the new look meeting a rich local coloration,
represented by the peoples and cultures that still mark Dobrogea.
Romanians, Macedonians, Turks, Tatars, Lipovans,
Greeks, Bulgarians, Jews

steht an der Glasfassade des hippen Restaurants zu lesen. Hier an der Stadtgrenze, jetzt am Abend, hämmern keine Schremmhämmer mehr. Die Terrasse schaut zur Donau, Richtung Hafen. Das Wasser ist, wenn schon nicht blau, so doch hellgrau. Tulcea, du süße! Aus den Lautsprechern des Lokals tönt cooler Blues und sanfter Jazz. Ich bin jetzt trotz Großbaustelle doch sehr, sehr zufrieden. Schreibe Whatsapp-Nachrichten, poste das Ortstafel-Finisher-Foto. Das Resümee ist absolut positiv. Ich bin von Wien bis hierher ohne gröbere Pannen, ohne Patschen, ohne ernsthaften Sturz gefahren. Am Handy summen erste Gratulationsnachrichten auf.

Die Radtour ist zu Ende, nicht aber die Reise. Morgen früh geht's mit der Navrom-„Semirapid"-Fähre zum Stromkilometer Null, zur Mündung der Donau ins Schwarze Meer. Nach Sulina. Das Rad kommt selbstverständlich mit.

Das Ende der Donau und ein Neuanfang in Sulina

Etappe 34, Schiff, Rad, Boot: Tulcea–Sulina

25 km, 5 hm, 2.141 km gesamt

Einige in der Pension einquartierte Bauarbeiter haben die Nacht damit verbracht, ihr sauer verdientes Geld in Schnaps und Bier und letzten Endes in den Zustand vollkommener Trunkenheit zu verwandeln, sie sitzen um halb acht Uhr früh noch immer auf der Terrasse. Einem fällt der Kopf ständig auf die Tischplatte, ein zweiter, noch halbwegs bei Sinnen, fragt, mit schwerer Zunge: *Woher kommen?* – Die Radtour ist zu Ende, aber drei Ziele habe ich noch vor mir: Ich muss den „Stromkilometer Null" in Sulina sehen, die *richtige* Donaumündung befahren und im Schwarzen Meer schwimmen. Für die Abarbeitung dieses Programms habe ich heute und morgen Zeit. Am Montag, so viel steht fest, muss ich dann dringend zurück nach Tulcea und am Dienstag nach Brăila, um dort mein Schiff zu besteigen.

Einheimische, Wochenendausflügler und Hobbyfischer gehen an Bord der Sulina-Fähre, ausgerüstet, als würden sie auf Walfischfang im Arktischen Meer gehen. Junge Frauen mit Louis-Vitton-Täschchen sitzen neben alten Frauen mit Kopftuch. In den Gängen stapeln sich Reisetaschen, Reisesäcke, mannsgroße Reisekoffer. Wochenende ist! Und ich bin ungewohnt müde. Stufe für Stufe klettere ich die Stufen zum Oberdeck hinauf, ich schleppe mich vor- und aufwärts, komme mir vor wie ein alter Mann. Der ich letzten Endes ja auch bin.

Zehn Uhr. Die Maschinen beginnen pünktlich auf die Minute zu dröhnen, der „Delta Expres" lässt die Skyline von Tulcea mit ihrer kleinen Moschee, der Uferbaustelle und dem abgetakelten Fischerhafen rasch hinter sich und biegt ab Richtung Sulina.

Der Strom, der Europa geteilt und zusammengefügt, der Grenzen gesetzt und überwunden und Geschichte gemacht hat, zum Objekt der Geschichte wurde, dieser Strom Europas gibt sich nicht mit einem schlichten Abgang ins Meer zufrieden. Er wehrt sich gegen diese Selbstaufgabe, spaltet sich, wuchert

Volle Kraft voraus: mit der „Semirapid"-Fähre auf dem Sulina-Arm

nach allen Richtungen, nimmt sämtliche Gestalten an, die Wasser annehmen kann, ist Fluss, Tümpel, See, Teich, Kanal, Straße für Seeschiffe, Lache, Meer, Sumpf und noch einiges mehr und das alles zugleich, schreibt Ernst Trost anno 1968. *Die Donau endet nicht im Meer, sie endet im Delta, ohne sichtbares Ende. Dort ist alles unendliches Leben, ineinander verschlungen, verworren, verbohrt, verzahnt, unendlich verschmolzen und verwachsen.*

Treffender als der österreichische Autor und Journalist kann man das grüne Labyrinth zwischen Tulcea und der Schwarzmeerküste auch heute nicht beschreiben. Wir sausen auf unserem Schnellschiff Richtung Osten, etliche Passagiere klatschen, als wir einen vielstöckigen Riesenfrachter überholen. Am Ufer sieht man ab und zu Camper, auch Menschen, die im Wasser planschen. Und immer wieder Angler. Mein Telefon läutet, die Buchhändlerin ruft an, dass ein Buch, das ich vor zwei Monaten bei ihr bestellt habe, jetzt eingetroffen und abzuholen wäre. Geht leider grade nicht!

Eine dunkelhaarige, junge Frau steht an der Reling, mit ihrer Nikon im Anschlag. Was ist am Ufer zu sehen, zu fotografieren? Selten ein kleines Dorf, dann wieder ein bescheidenes Hotel, sogar ein Kreuzfahrtschiff sieht man, das seine Passagiere soeben auf kleinen Booten in die Seitenarme ausschwärmen lässt.

Mächtige Frachter fahren bergauf nach Tulcea, Galatz und Brăila. Die Donau, eine Meeresstraße! Die Wiener Reichsbrücke, das nochmals zur Einordnung, liegt ziemlich genau 1.929 Kilometer flussaufwärts. Nach zwei Stunden ändert sich das Bild, es tauchen auf: niedrige Baracken, aufgelassene Lager, abgewrackte Schiffe, verfallene Fabrikshallen. Sulina erscheint. Alles, was ich bislang über die Stadt gelesen hatte, klang, um es vorsichtig zu sagen, wenig reizvoll. 4.000 Einwohner, ein Sammelbecken von verkrachten Existenzen, Schmugglern, lichtscheuem Gesindel, arbeitslosen Fabriksarbeitern und armen lipowanischen Fischern, so wird der Ort gern beschrieben. Staubige Straßen, schmutzige Hinterhöfe, ein vergessenes Kaff, wenn schon nicht am Ende der Welt, so doch am äußersten Rand Europas: So ungefähr dachte ich mir Sulina, so ungefähr hatte ich es in diversen Reiseberichten mit leichtem Wonnegruseln gelesen. Ein Dokumentarfilm zeigt die Stadt überhaupt in Trostlosigkeit und Elend versinkend. Nimm dich in Acht, Reisender! Mit zittrigen Knien gehe ich an Land, schiebe mein Rad die ersten Meter vorsichtig neben mir her. Wie ungemütlich wird es hier sein? Ich gehe und sehe: einen aufgeräumten, kleinen Hafenort mit gepflegtem Kai, an dem Dutzende, wenn nicht hunderte hübsche Fischer-, Ruder-, Motor- und Ausflugsboote liegen. An der baumbestandenen Uferpromenade Cafés. Bäckereien. Restaurants. In einem Gastgarten wird gerade für eine Hochzeitsgesellschaft gedeckt. Es gibt all das, was in Tulcea gerade fehlt: Souvenirshop, Eisgeschäft, Marktstände. Sulina, die Perle der Donaumündung, wer hätte das gedacht? Orte können offenbar innerhalb weniger Jahre ihr Aussehen und auch ihr Image radikal verändern. Oder war Sulina in Wahrheit gar nie so böse wie beschrieben? Vieles zum beständigen negativen Klischeebild hat wahrscheinlich der in Sulina spielende Roman „Europolis“ des rumänischen Autors Eugen Botez (1874–1932) beigetragen. Botez publizierte unter dem Pseudonym Jean Bart, dem Namen eines französischen Seehelden, und genießt über diesen Text bis heute in Sulina quasi Heiligenstatus. Ob zu Recht, sei jetzt einmal dahingestellt.

Das kleine Haus mit den drei Gästezimmern ist nur zehn Minuten vom Ufer entfernt, Elena, meine junge Gastgeberin, ist unkompliziert und hilfsbereit, ich darf ihre Küche benützen, sagt sie, alles kein Problem!, und lädt mich zur Begrüßung auf eine Tasse Tee ein.

Schnell zurück in die Stadt und zur Sulina-Donau, wo, welch ein Zufall, am Kai ein süßes kleines Motorschiff mit österreichischer Flagge liegt. Ich klopfe an die Kajüte der MS Marbach und nach wenigen Sekunden öffnet sich die Tür, es erscheint: Kapitän Edgar Wilhelm. Der gestern nach einer zweimonatigen Mission der besonderen Art hier eingelaufen ist. Sein Boot diente als Refugium und schwimmendes Labor für den Langdistanz-Schwimmer Andreas Farth, der in Ulm ins kalte Donauwasser stieg und 2.700 Kilometer bis hierher schwamm. Kraulte! Der Chemieprofessor tat sich diese Tortur aber nicht an, um Eingang ins Guinness-Buch der Rekorde zu finden, sondern um die Verschmutzung der Donau durch Mikroplastik zu erforschen und zu dokumentieren. Farth war mitsamt seiner „Clean Danube“-Crew schon diesen Morgen abgereist, aber Kapitän Edgar kann – am späteren Abend, im Gastgarten – vieles erzählen. Um ihn versammelt sich das multikulturelle neue Sulina. Die Schweizerin, die vor sechs Jahren hier die Liebe ihres Lebens fand. Ihr Partner, der Chronist und Fotograf von Sulina, mit dem sie soeben ein Haus am Stadtrand baut. Der Elektriker aus Salzburg und die Intensivkrankenschwester aus München, die sich eine Hütte am Campingplatz wohnlich hergerichtet haben und demnächst heiraten werden. Sebastian aus Graz, der ein Jahr in Bukarest unterrichtet hat und nun vor seiner Übersiedlung nach Nicaragua noch für einige Tage Urlaub macht. Eine Dame aus Norddeutschland, die auf der Suche nach einem Alterssitz weitab der hektischen Welt probeweise hier Station macht. – Die kleine Stadt, so scheint es, ist auf dem besten Weg, ein Aussteigerparadies zu werden. Wenn da nur der Krieg auf der anderen Seite des Deltas nicht wäre.

Nach einer Gemüsesuppe im Restaurant „Eastland“ fahre ich jetzt wieder am Rad das Stadtufer auf und ab. Ich erforsche enge Schilfkanäle, erreiche ein einsames Donau-Uferstück, setze mich auf eine Steinmauer direkt am Wasser. *The hour that the ship comes in.* Einer dieser

1334
WIEN
30000007
ARBURG
MENSCHEN
MERCURY
RO-0512-TL

Meetingpoint Sulina: Die MS Marbach und ihr Kapitän (o. l.)

Der Helm steht ihr gut: Willkommen in der Pension Delta Dunarii (o.)

Touristenkutsche im Delta (ganz l.)

Finisher-Foto 2: Am Strand des Schwarzen Meeres (l.)

mächtigen Frachter gleitet nahe am Ufer an mir vorbei, der Bob-Dylan-Song bleibt lange im Ohr. Weder in Serbien noch in Bulgarien und auch nicht in Rumänien, das fällt mir jetzt auf, habe ich „lokale Musik“ gehört. Weder Taraf de Haïduks noch Fanfare Ciocărlia, weder Balkan-Jazz noch Gypsy Swing, nix davon. Man kann eben nicht alles haben.

Wer will, kann im Weichbild, in den hinteren Reihen, den staubigen Straßen von Sulina Verfall zur Genüge sehen, aber ein „lost space“ ist die Stadt deshalb noch lange nicht. Ja, die Fischkonservenfabriken haben für immer dichtgemacht. Skelette alter Lagerhallen ragen in den Himmel. Aber neues Leben, so scheint mir, blüht, wenn schon nicht aus, so doch neben den Ruinen, und Strandleben gibt es auch, nämlich am feinen „Sulina Beach“. Marea Neagră. Eine Asphaltstraße führt von hier nach dort. Zwei Strandrestaurants und ein Kiosk, Bastschirme, Strandliegen, leise Barmusik. Eine Idylle tut sich auf. Was braucht es mehr, um glücklich zu sein? Nirgendwo verschandeln Hotelklötze die Szenerie. Alles ist hübscher, klarer und feiner als gedacht. Ich schiebe das Rad durch den Sand bis zum vordersten Schirm, ganz nahe am Wasser. Millionen schwarzer Muscheln liegen im Sand. Ob das Meer davon seinen Namen hat? Einige Meter neben mir steht ein alter Mann mit Schiffermütze; er schaut regungslos aufs Wasser, wie im Film. Das Ufer ist flach. Ich gehe ins Wasser, tauche meinen Kopf ins Schwarze Meer und schwimme, bade am friedlichsten und schönsten Strand der Welt. Draußen am Horizont reiht sich ein Frachtschiff hinter dem anderen auf: Sie alle wollen, da sie nicht in den ukrainischen Schwarzmeerhafen Odessa dürfen, in die untere Donau einlaufen, müssen aber wochenlang warten, weil es viel zu wenig Lotsen und Hafenpersonal gibt, die Donauhäfen einfach zu wenig Kapazität für die anfallenden Ladungen haben.

Vom Strand aus im Dunst gerade noch zu sehen, sticht eine dünne Nadel gen Himmel: Der neue Leuchtturm von Sulina. Er markiert den Punkt, zu dem ich noch dringend hinmuss: Die Mündung des Sulina-Arms, die Mündung der Donau.

An Tagen wie diesen / Wünscht man sich Unendlichkeit
An Tagen wie diesen / Haben wir noch ewig Zeit
Wünsch' ich mir Unendlichkeit

Die Hymne der Toten Hosen im Ohr fahre ich vom Strand nachhause, zu Elena. Ich bin, ich gebe es zu, in Hochstimmung. Alles läuft nach Plan. Elena kocht Kaffee. Wunderschön habt ihr es hier, sage ich zu ihr. *Yes,* sagt sie, *but only in summer.*

Am nächsten Tag, am Sonntag, werde ich den Gottesdienst in der Basilika besuchen, Frauen in Tracht beobachten, am Friedhof draußen vor der Stadt die Gräber von Abenteurern, Reisenden, Matrosen, Kapitänen und Piraten aus aller Herren Länder sehen. Zurück im Quartier wird mich Sebastian auf selbst gekochte vegane Penne einladen. Odessa? Die Ukraine? Lichtjahre entfernt. Die Welt, sie ist gut zu mir.

Als ich, vom Strand zurückgekehrt in der Stadt, die Uferpromenade zum dritten Mal auf und ab laufe, spricht sich gerade herum, dass bald ein Touristenboot Richtung Mündung fahren wird. Einsteigen, schnell! Wir müssen Schwimmwesten anlegen, alles ganz korrekt und schon ist die nächste Attraktion von Sulina in Fotografierdistanz: ein Blechschild mit einer großen Null drauf. Der Anfang und das Ende. Alpha und Omega, Beginn und Finale gleichzeitig. Das ist er, der Stromkilometer Null. Und schon geht's mit jaulendem Außenborder ostwärts, Richtung Meer. Oder sind wir schon am Meer?

Unsere kleine, sehr internationale Reisegesellschaft fährt an Büschen, Bäumen, Betonmauern, endlosen Steindämmen und Sandhügeln entlang. Der große Leuchtturm kommt langsam näher. An manchen Stellen sieht man bereits über die Uferwälle aufs offene Meer. Die letzten Befestigungen, die allerletzten Ufersteine werden von Sekunde zu Sekunde niedriger und versinken allmählich vollständig im Wasser. Welch ein Moment. Nach einer knappen Stunde Bootsfahrt ist nirgendwo mehr ein Hauch von Fluss zu sehen. Die Sulina-Donau hat sich endgültig dem Meer anvertraut, sie ist in ihm aufgegangen.

At the end of a river, the water stops its flow /
At the End of a Highway, there is no place to go
Jeder Weg, jede Straße Hat irgendwo ein Ziel /
Jeder Fluss strebt dem Meer zu und endet dort sein Spiel.

Der Bootsführer stellt für ein paar Minuten den Motor ab, das Boot tanzt still auf den sanften Wellen des Wassers. Niemand redet. Wie schön. Um mit irgendwem mein Glück zu teilen, sage ich zu meinem neuen Freund Sebastian ganz leise „fantastisch". Dann „großartig". Er nickt nur stumm. Ich würde jetzt gern Donauwalzer tanzen. Oder Sebastian umarmen. Oder schreien vor Freude. Stattdessen aber, was bleibt mir anderes übrig, fotografiere ich vor mich hin, obwohl es jetzt, hier heraußen am offenen Meer, nicht mehr viel zu fotografieren gibt. Ich schließe für ein paar Sekunden die Augen, höre, wie die Wellen ans Boot schlagen, fühle den leichten Wind und die warme Abendsonne. Darf man in solchen Momenten ergriffen sein? Ich bin es.

Ab jetzt geht's westwärts. Bergwärts. Heimwärts. Das war's. Der Motor heult auf. 180 Grad. Auf und retour.

Ein besonderer Ort: Mündung der Sulina-Donau ins Schwarze Meer

Epilog: Ad fontes, die zweite

Donaueschingen–Kolmenhof/Donauursprung

Alles hat ein Ende, nur meine Reise hat mehrere davon.

Tulcea. Sulina. Stromkilometer Null. Die Mündung. Das Schwarze Meer. Auch die glückliche Rückkehr ins heimatliche Österreich wäre durchaus ein brauchbares Finale. Klickklick machen die Schuhe. Raus aus den Pedalen, runter vom Sattel. Schluss, aus, Ende einer Dienstfahrt, ab in die Garage.

Doch genug ist nie genug. Es gab da ja noch eine offene Rechnung, ein nicht eingelöstes Versprechen, eine letzte Leerstelle, die gefüllt werden musste.

Und so bin ich also im Herbst 2023 noch einmal losgefahren, zur Quelle der Breg. Acht Kilometer hatten mir beim Erstversuch im Frühjahr gefehlt, acht Kilometer, die ich aufgrund von Kälte und Schneeregen einfach nicht geschafft hatte. Nun aber bin ich da. Bin von Donaueschingen über Furtwangen das schmale Breg-Bächlein entlanggefahren, habe die letzten zwei Kilometer steil bergan getreten und nun sehe ich ihn schon, den *Berggasthof Kolmenhof*. Hier muss sie sein. Hier ist sie. Die Quelle. Das letzte, unerreichte Ziel. Die allerletzten hundert Meter. Ein gepflasterter Fußweg schwingt sich vom Parkplatz den Hang hinab, hinunter in die Quellmulde. Weiter geht's nicht. Wasser fließt spärlich, aber es fließt. Eine Jugendgruppe fällt ein, lagert um den Quellstein, aus dem, so sagt der Wirt vom Kolmenhof, manchmal mehr, manchmal weniger, aber jedenfalls *immer* Wasser fließt. Gott Danuvius lehnt lässig über dem Quellbecken, bewacht den heiligen Ort und sorgt für den niemals versiegenden Wassernachschub.

Jetzt habe ich sie im Kasten, die ganze Donau, poste ich auf Instagram. Und bin ehrlich gestanden sehr froh, als die Gruppe – lauter nette junge Menschen! – abzieht und ich den Ort einige Minuten lang ganz für mich alleine habe.

Hat es eine Bedeutung, hier zu stehen? Bringt das irgendwelche neuen Erkenntnisse? Wie auch immer: Ich bin jetzt fertig. Ich kann loslassen, mich zur Abwechslung freuen wie ein kleines Kind. Mein Projekt ist abgeschlossen. Ich weiß jetzt *wirklich, wie weit* es von hier nach Wien und von dort nach Sulina ist. Und welche Welten auf den 2.888 Kilometern zwischen diesem netten Ort im Schwarzwald und dem Stromkilometer Null liegen.

Zurück an den Start: Die Breg-Quellmulde beim Kolmenhof im Schwarzwald

Brăila: Runde 3.000 Kilometer bachabwärts (l.)

Wasser fließt hier wie dort: Quellstein im Schwarzwald (ganz o.)

Auf dem Weg zurück: Taxifahrer bei der Brailla-Fähre (o.)

Die Quelle der Breg und die Mündung des Donaustroms, das sind zwei Enden einer großen Geschichte. Alles zwischen diesen beiden Antipoden ist nah und fern gleichzeitig, schön, sehr schön und manchmal, selten, auch weniger schön. Manches ist wohlbekannt, vieles fremd, immer aber ist es: Europa.

Die Quelle der Breg, und das ist die beste Nachricht, die man geben kann, ist frei von Spektakel und Tamtam, ebenso wie die Mündung im fernen Sulina. Weder da noch dort ist die Kulisse dramatisch, spektakulär, aufregend, wild. Beide Enden der Donau zeigen sich uninszeniert und friedvoll, ohne Licht- und Lasershow, ohne Videowall und Bezahlschranken. Alles ganz normal hier! Alles wunderbar. Wunderbar ruhig.

Der große Claudio Magris widmet in seiner „Biographie eines Flusses" genau dieser Breg- und damit Donauquelle ein ganzes Kapitel. *Das Wasser, das in jener Mulde hervorquillt, kommt offensichtlich von der sumpfigen Wiese des wenige Meter darüber aufsteigenden Hügels, die unzähligen Rinnsale versickern in der Erde, die sie filtert und die sie dort wieder hervortreten läßt, wo die Quelle […] entspringt* – das hat ihm vorab sein Freund Amadeo so geschildert, der nimmermüde noch ein weiteres Stück bergauf wandert, dabei auf ein altes Haus aus dem 18. Jahrhundert stößt und an diesem ein Rohr findet, das, welch Wunder, in *reichlichem Maße Wasser in die Richtung jener Mulde am Fuß des Hügels abfließen lässt.* – Magris selbst forscht nach, ob dieses ominöse Rohr denn nun der *eigentliche* Ursprung der Donau sein könnte oder, wie Freund Amadeo vermutet hatte, sogar ein stets geöffneter Wasserhahn im Inneren des alten Hauses. –

Das Ergebnis der Magris'schen Nachforschungen wird hier nicht verraten. Die *wirklichen* Anfänge des großen europäischen Stroms sollen einen letzten Rest an Rätselhaftigkeit bewahren. Ein bisschen Märchen, ein bisschen Zauber, ein bisschen Fantasie, das kann und darf bei der Quelle eines weltberühmten Flusses wohl sein. Ich für mich kann an dieser Stelle nur mitteilen, dass ich besagtes Bauernhaus mitsamt Rohr und Traufe ernsthaft gesucht, aber nicht gefunden habe.

Manchmal muss und kann man mit dem Erreichten zufrieden sein. Ich stehe nach der Mündung nun auch an der Quelle der Donau, und zwar an der richtigen, wie ich meine. Ich bin ohne Blechpanzer, ohne Begleitfahrzeug und ohne Hilfsmotor losgefahren und ganz ohne Pauschalarrangement überall dort angekommen, wo ich hinwollte. Ich habe mich oft geplagt und mitunter gequält. Ich habe geschwitzt und gezittert, gekeucht und geflucht.

Dennoch bereue ich keinen einzigen der vielen Kilometer, die ich gefahren bin, ganz im Gegenteil.

Der gnädige Gott Danubius: Skulptur an der Quelle

Ich bin, wie gesagt, durchaus zufrieden. Nur denke ich mir gerade, ob ich nicht doch ein zweites Mal donauabwärts fahren sollte. Ich würde mir dafür deutlich mehr Zeit nehmen als für die Erstbefahrung. Mehr Abstecher, Ausflüge, Umwege, Rast- und Schautage einbauen. Mehr Menschen kennenlernen, mehr lernen, mehr erfahren. Genauer hinschauen. Noch tiefer, ganz tief eindringen in die Geheimnisse des Stromes und seiner Ufer.

Die Donau, und das steht für mich völlig außer Zweifel, hätte sich das mehr als verdient.

Technische Hinweise, Bepackung, Navigation, Rückreise

Die Strecke ist mit **Tourenrädern**, **Crossern**, **Gravelbikes** und natürlich auch mit **E-Bikes** gut machbar. Umfährt man die oft tiefgründigen Uferwege, kommt man auch als Bike-Packer mit dem **Rennrad** gut durch. Während man sich in Deutschland und Österreich meist auf beschilderten **Radwegen** oder verkehrsarmen Straßen bewegt, ist östlich von Bratislava der **Eurovelo 6** oft nicht mehr auszumachen. Eine durchgängige Beschilderung fehlt, zum Teil muss man stärker befahrene Straßen benutzen. Zur leichteren Navigation sind meine Routen für die Käufer dieses Buchs als **GPX-Dateien** verfügbar. Eine sorgfältige individuelle Reiseplanung ist dennoch unumgänglich.

Rad und Ausrüstung

- Haibike Alu Crosser, Bj. ca. 2012. Gepäckstrĝer, Kotschützer, „unplattbare", drahtverstärkte Reifen.
- Schaltung: Shimano 105, 2x10, vorne 34/50, hinten 12/32.
- Vorderlicht: Akku, Hinterlicht: Batterie.
- Kombi-SPD-Klickpedale, Mountainbike-Schuhe.
- Empfehlenswert bei Neuanschaffung eines Gravel- bzw. Tourenrads: Nabendynamo und Gepäckstrĝer, Montagemöglichkeit für Taschen auch an der Gabel vorne.

Die österreichischen Etappen (und die allerletzte zur Quelle der Breg) bin ich mit einem Focus Alu-Gravelbike Bj. 2022 gefahren.

Werkzeug und Ersatzteile

Luftpumpe, Kombi-Werkzeug, Kabelbinder, 3 Reserveschläuche, Reifenheber, Pickzeug, Kettenöl, Textilband, Putztuch.

Wenn das Rad für die Rückreise zerlegt werden soll: Abzieher bzw. Imbusschlüssel für Pedale, div. Schraubenschlüssel und Schraubenzieher.

Gepäck

Abnehmbare Klickfix-Lenkertasche, lange Tasche am Oberrohr, 2 Ortlieb-Packtaschen hinten, Schlafsack. Kleidung z. T. in wasserdichten Säcken, insgesamt ca. 13 kg.

Die lange Fahrt zurück: MS Nestroy, Fitnessraum mit Aussicht

Reiseapotheke

- Kohletabletten, Immodium, Hirschtalg fürs Gesäß, Wundpuder, fiebersenkendes Schmerzmittel, Wunddesinfektion, Heftpflaster, Magnesium-Brausetabletten.
- Dazu Reisewaschmittel, Papiertaschentücher und Sonnencreme 30+.

Radbekleidung

- Helm, Handschuhe, drei Radtrikots, 2 Radhosen, 1 lange Überhose. Käppis, Haube, Sonnenbrille.
- Reflektierende Gurte für die Tunnelpassagen.
- Regenjacke, Regenhose (halblang), Regenschutz für Helm, Regen-Überschuhe.
- Regenschutz für Fronttasche (unbedingt!) sowie beide Packtaschen.

Technik

- Garmin-Edge 820.
- iPhone, Sony alpha 6000 Digitalkamera, Powerpack, Ladestecker, div. Kabel.
- Ultraschall-Hundehupe.

Navigation

- Hilfe bieten: *www.eurovelo6.org, www.donau-info.org, www.bikeromania.de*
- Donau-Radweg-Reiseführer „bikeline“ (5 Ausgaben), Verlag Esterbauer.
- Donau Radweg Von Budapest bis zum Schwarzen Meer. Mappe mit 8 Landkarten 1:100.000, hg. von Eurovelo 6 bzw. Huber Kartographie GmbH.

Am Rad

- Garmin Edge 820 für Navigation, Tracking, Tachometer, Km-Zähler etc.
- Die Erstellung eigener Routen über komoot ist nur erfahrenen komoot-Nutzern zu empfehlen. Die von der App vorgeschlagenen Wege sind oft nicht gut fahrbar, eigene Detailplanung ist unbedingt empfehlenswert.
- Die von mir gefahrenen Etappen sind per GPX-Dateien verfügbar. Irr- und Umwege sind darin nach Möglichkeit korrigiert. Die Kurse sind Vorschläge und müssen den eigenen Bedürfnissen angepasst werden.

Weiterfahrt von Tulcea nach Sulina und retour

Mit den Fähren von **Navromdelta.** Es verkehren „Clasica“ und „Semirapida“-Schiffe.

Die hohe Kunst der Orientierung: Spickzettel, Landkarte und Garmin-Navi

A17
GARMIN

Pro Tag ein bis zwei Verbindungen. Fahrplan unter
https://www.navromdelta.ro/en/schedule-prices/
Auf der Strecke verkehren auch schnelle Wassertaxis.

Bademöglichkeiten in der Deltaregion (Auswahl)

Sulina
Gepflegter Sandstrand mit Infrastruktur am Schwarzen Meer, vier Kilometer außerhalb der Stadt.

Sfântu Gheorghe
Flacher Sandstrand direkt an der Mündung des St.-Georgs-Arms ins Schwarze Meer. Fährverbindung ab Tulcea nach Sfântu Gheorge.

Jurilovca
Dorf ca. 60 km südlich von Tulcea am Lacul Razim („Razim-See"), einer abgetrennten Meeresbucht. Bootsverbindung zu einem touristischen Komplex auf einer langgestreckten Insel mit Kiesstrand direkt am Schwarzen Meer.

Weitere Infos zum Delta
www.rumaenien-tourismus.de/biospharenreservat-donaudelta/

Die Rückreise …

… vom Donaudelta zurück nach Österreich mit einem Fahrrad im Gepäck benötigt Planung.

Mit dem Kreuzfahrtschiff

Die komfortabelste, aber auch mit Abstand teuerste und längste Variante. Nur sporadische Termine. Die Reise mit etlichen Landgängen dauert ca. sieben Tage und muss langfristig geplant und gebucht werden. Eingestiegen wird meist in Brăila oder Tulcea. Auch als Einzelreisender zahlt man den Preis einer Doppelkabine.
www.msnestroy.com/reisen
www.gta.at/flusskreuzfahrten

Mit der Bahn

Von der Deltastadt **Tulcea** gibt es nach Internet-Auskunft der Rumänischen Staatsbahnen (2023) drei Züge pro Tag nach Konstanza bzw. Bukarest, mit Umsteigen in Medgidia.

Von **Brăila,** ca. 70 km westlich von Tulcea am nordwestlichen Donauufer gelegen, fahren mehrere Züge pro Tag nach Bukarest. Von

Tulcea nach Brăila fahren Minibusse. Der Preis für eine Taxifahrt von Tulcea nach Brăila ist Verhandlungssache.

Von **Bukarest** fährt ein direkter Zug mit Schlafwagen nach Wien. Daneben gibt es die Möglichkeit, ab Bukarest via Budapest zu reisen. In jedem Fall müssen die Räder zerlegt und verpackt sein.

Tickets für die Reise in Rumänien sowie, getrennt davon, internationale Tickets über *www.cfrcalatori.ro bzw. www.oebb.at*

Wichtig:

In rumänischen und bulgarischen Zügen gibt es keine Radabteile. Um das Rad im Zug transportieren zu können, muss man die Pedale abmontieren, Vorder- und nach Möglichkeit Hinterrad ausbauen, wenn möglich den vorderen Kotschützer abmontieren, den Lenker verdrehen, den Rahmen mitsamt den Laufrädern mit einer in einem Supermarkt erstandenen selbsthaftenden (Gefrier-)Plastikfolie umwickeln und damit auch die öligen Teile wie Ritzel, Kette und Scheibe gut abdecken. Das ist machbar, notfalls hilft eine Werkstatt.

Die Packtaschen und andere Gepäcksstücke wie Schlafsack etc. verstaut man am besten in einer großen, vielerorts erhältlichen Tragtasche mit Umhängegurt.

Mit dem Flugzeug

Linienflüge ab Konstanza via Istanbul, mit Turkish Airlines bzw. Austrian. Flugzeit mit Stopp in Istanbul ca. 9 Stunden. Nach Konstanza kommt man ab Tulcea mit dem Zug, mit Umsteigen in Medgidia. Mit dem Bus oder mit dem Rad via Jurilovca.

Auch für den Transport im Flugzeug muss das Rad zerlegt, verpackt und als Großgepäck eingecheckt werden.

Mit dem Fernbus

Flixbus ab Konstanza. Keine Fahrradplätze. Fahrräder müssen zerlegt und verpackt sein. *www.flixbus.at*

An- und Abreise an der deutschen und österreichischen Donau

Es gibt viele und gute Zuganschlüsse. So von Donaueschingen abwärts bis Ulm bzw. Donauwörth in jedem Ort.

Danach wieder in Neuburg, Ingolstadt, Kelheim, Regensburg, Straubing, Deggendorf, Vilshofen und natürlich Passau.

In Österreich ist die nächste Bahnstation donauabwärts Eferding (4 km vom Radweg entfernt). Weitere Einsteigemöglichkeiten in Ottensheim und natürlich Linz.

Von Linz abwärts kann man linksufrig gut in Mauthausen oder Grein einsteigen und nach St. Valentin bzw. Linz fahren.

Ybbs und Melk sind Bahnstationen am rechten Ufer. In der Wachau (linkes Ufer) verkehrt ab Emmersdorf bis Krems in der Saison ein Touristenzug mit Fahrradmitnahme.

Krems und Korneuburg (links), Traismauer und Klosterneuburg (rechtes Ufer) sind Bahnhöfe vor Wien.

Züge fahren ab Hainburg bzw. Wolfsthal (beide rechtsufrig) bzw. Marchegg Bahnhof (links) stündlich zurück nach Wien.

Rückreise aus den Ländern östlich von Wien

Slowakei:
Von **Bratislava** stündlich Züge nach Wien. Auch **Komárno** ist gut angebunden.

Ungarn:
Von **Győr** pendeln Züge nach Wien. **Komárom** wie **Esztergom** haben Bahnhöfe, im **Donauknie Szob, Nagymaros, Vác** und auch **Szentendre.** Von **Budapest** fährt der Railjet zurück nach Wien. Fahrrad ist reservierungspflichtig. Von **Mohács** gelangt man via Budapest nach Wien.

Kroatien:
Von **Osijek** Verbindung mit Umsteigen via Zagreb bzw. Budapest.

Serbien:
Ab **Belgrad** existieren (Stand Herbst 2023) keine Zugverbindungen nach Budapest bzw. Wien. Es bleiben Flixbus *(www.flixbus.at)* und Flugzeug.

Telefonie und Internet in Serbien:
Achtung! Serbien hat kein Roaming-Abkommen mit der EU.

WLAN gibt es aber in den meisten Lokalen, Hotels bzw. Pensionen. Im Internet und bei vielen Verkaufsstellen in Serbien sind Touristen-Prepaid-SIM-Karten erhältlich.

Bulgarien
Ab **Ruse** fährt der Flixbus über Bukarest nach Wien. Das Fahrrad muss zerlegt und verpackt sein. Mühsame Bahnverbindung über Bukarest nach Wien.

Bis hierher und nicht weiter: Endstation Schwarzmeerküste

Rumänien

Vom Donauufer in **Rumänien** gibt es mehrere Bahnverbindungen nach Bukarest (und von da nach Wien), z. B. ab Drobeta Turnu Severin (am Eisernen Tor), Corabia, Giurgiu, Călăraşi, Brăila und Galatz. Rückreise vom Delta siehe S. 250 f.

GPS-Daten

Die GPS-Daten der 33 Etappen sind unter folgendem Link abrufbar:
falterverlag.at/gps
Das Passwort zum Download: **falterverlag5110**

Dank

an **Silke und Franz Lasselsberger** für die
angenehme Begleitung bis Budapest,
an **Daniel Ehrl** für wertvolle Tipps und Tricks
zu Ausrüstung und Navigation
sowie an meine Frau **Senta Baumgartner**
für die sorgfältige Durchsicht des Manuskripts.

Literatur, Internetquellen

(Auswahl)

Aust, Martin/et al. (Hg.): *Osteuropa zwischen Mauerfall und Ukrainekrieg. Besichtigung einer Epoche.* Suhrkamp, 2022.

Bart, Jean (eig. Botez, Eugen): *Europolis.* Roman. Verlag der Nation, 1974.

Bauer, Klaus-Jürgen: *Pannonien. Archipel. Theorie der Provinz.* edition lex list, 2007.

Burger, Gerd (Hg.): *Danube. A River journey.* Dr. Peter Morsbach Verlag, 2016.

Dreppenstedt, Hinnerk: *Kreuzfahrten Donau. Von Passau zum Schwarzen Meer.* Trescher, 2019.

Kunz, Hans: *Rumänien.* Walter-Verlag, 1974.

Kühn, Wolfgang (Hg.): *Meine Donau. Anthologie.* Literaturedition Niederösterreich, 2018.

Magosch, Thomas: *Donau. Von der Quelle bis zur Mündung.* Dumont Magazin, 2017.

Merk, Thomas A./et al. (Hg.): *Die Donau. Von der Quelle bis zur Mündung. Eine Bildreise.* Ellert & Richter, 1994.

Emcke, Karoline: *Grenzerfahrung. In: Süddeutsche Zeitung Magazin,* 7.10.2022.

Erste Donau-Dampfschiffahrts-Gesellschaft (Hg.): *Rot-Weiß-Rot auf blauen Wellen. 150 Jahre DDSG.* Wien, 1979.

Fings, Karola: *Sinti und Roma.* C.H. Beck, 2016.

Fridrich, Christian (Hg.): *Europa erlesen. Donau. Anthologie.* Wieser, 2012.

Fridrich, Christian (Hg.): *Europa erlesen. Donaudelta. Anthologie.* Wieser, 2014.

Gauß, Karl-Markus: *Zwanzig Lewa oder tot. Vier Reisen.* Zsolnay, 2017.

Gergeewa, N./Nasjekowsky R.: *Donau – Fluss der Freundschaft.* Odessa, 1986.

Grillparzer, Franz: *Tagebuch auf der Reise nach Konstantinopel und Griechenland.* Residenz, 1988.

Hagenberg-Miliu, Ebba: *Rumänien.* Dumont Richtig Reisen, 2008.

Handke, Peter: *Eine winterliche Reise zu den Flüssen Donau, Save, Morawa und Drina oder Gerechtigkeit für Serbien. Sommerlicher Nachtrag zu einer winterlichen Reise.* Suhrkamp, 2020.

Hanappi, Irene: *Bratislava. Gehen, Sehen & Genießen. 5 Routen durch die Hauptstadt der Slowakei.* Falter City Walks, 2018.

Hasinger, Hermann: *Donaufahrt. Von der Quelle bis Wien.* Prestel, 1957.

Hist. Museum der Stadt Wien (Hg.): *Die Donau. 1000 Jahre Österreich.* Eine Reise, 1996.

Hüther, Gerald: *Biologie der Angst.* Vandenhoeck & Ruprecht, 2018.

Jungwirth, Mathias/Haidvogl, Gertrud: *Österreichs Donau. Landschaft – Fisch – Geschichte.* BOKU Wien, Wien 2014.

Király, Edit/Spiridon, Olivia (Hg.): *Der Fluss. Eine Donau-Anthologie der anderen Art.* Jung und Jung, 2018.

Krastev, Ivan: *Europadämmerung. Ein Essay.* Edition Suhrkamp, 2017.

Lichtblau, Albert: *Der Westen, der Osten und Metternich: Warum der Balkan noch immer in Wien beginnt.* Salzburg, Manuskript o.J.

Mappes-Niediek, Norbert: *Europas geteilter Himmel. Warum der Westen den Osten nicht versteht.* Ch. Links/Aufbau, 2021.

Magris, Claudio: *Donau: Biographie eines Flusses.* Hanser, 1986.

Morath, Inge: *Donau. Mit einem Essay von Karl-Markus Gauß.* Edition fotohof im Otto Müller Verlag, 1995.

Özkan, Duygu/Sommerbauer, Jutta: *Lesereise Donau.* Picus, 2014.

Pfingsten, Horst: Dobrudscha. *Mit Resi nach Saturn und noch andere wahre Reisebegebenheiten aus Rumäniens Schwarzmeer-Provinz.* Schiller, 2012.

Reder, Christian/Klein, Erich (Hg.): *Graue Donau, Schwarzes Meer. Wien Sulina Odessa Jalta Istanbul.* Edition Transfer, Springer, 2008.

Riess, Erwin: *Herr Groll und die Donaupiraten.* Roman. Otto Müller, 2019.

Rohrbach, Carmen: *Am blauen Fluss. Entlang der Donau vom Schwarzwald bis zum Schwarzen Meer.* Malik/National Geographic/Piper, 2018.

Salamon, Ida: *Belgrad. Gehen, Sehen & Genießen. 6 Routen durch die Hauptstadt Serbiens.* Falter City Walks, 2020.

Schmidl, Stefan: *Filmmythos Wachau.* Hollitzer, 2022.

Technisches Museum Wien (Hg.): *blau. Die Erfindung der Donau.* Fotohofedition, 2005.

Thanhäuser, Christian/Gauß, Karl-Markus: *Die Donau hinab.* Haymon, 2009.

Thorpe, Nick: *Die Donau. Eine Reise gegen den Strom.* Zsolnay, 2013.

Trojanow, Ilija: *Gebrauchsanweisung fürs Reisen.* Piper, 2019.

Trost, Ernst: *Die Donau. Lebenslauf eines Stromes.* Amalthea, 1984.

Weithmann, Michael W.: *Die Donau. Geschichte eines europäischen Flusses.* Böhlau/Pustet, 2012.

Verlag Esterbauer (Hg.): *Donau-Radweg 1 bis Donau-Radweg* 5. O.J.

Wikipedia: *Donau* (zuletzt abgerufen am 10.10.2022)